생각하는
중국어 문법

이안 지음

생각하는
중국어 문법

이 안 지음

시작하기 전에

지금은 대학생이 된 아이가 한창 말을 배우던 어느 날, '나 안 밥 먹을 거야'라고 표현하길래, 나름 언어학을 전공한 엄마라고 '목표어', '간섭현상', '언어 내 전이현상' 등의 용어들을 떠올렸지만 결국은 그저 '밥 안 먹을 거야'라고 해야 한다고 누차 교정(?)해주는 것 외엔 달리 아무것도 하지 못했고. 아이도 끝끝내 '안 밥 먹는다'를 포기하지 않았던 적이 있다.

'밥 먹다'는 하나의 동사가 아니라 단어구이며, 목적격 조사가 생략된 형태의 '밥'이 목적어인데 어쩌고저쩌고 설명해주어도 알아듣지 못할 터이고 모국어 내의 이러한 오류 현상은 대체로 좀 더 학습이 진행되면 스스로 고치기 때문에 크게 신경 쓰지 않았던 것도 사실이다.

아이가 언제부터 '밥 안 먹을 거야'라고 말하기 시작했는지 사실 기억이 나지 않는다. 아마도 아이는 사람들과의 언어 활동 속에서 '밥 먹다'는 조사가 생략된 목적어와 동사가 함께 쓰인 동사구이고, 따라서 부정사는 밥이 아닌 동사 앞에 위치해야 한다는 등의 규칙, 즉 문법을 습득하게 되었을 것이다.

여기서 포인트는 모국어의 문법을 습득하고 오류를 수정해 나가는 과정을 아이는 스스로 인지하지 못한 채 자연스럽게 진행하였다는 점이다. 물론 진학 전이라 해도 아이와 많은 대화를 하고, 많은 책을 읽어주는 부모의 노력이 큰 역할을 한다는 것은 두말할 필요가 없는 발전 동력이다.

외국어 학습은 모국어를 습득하는 것과 다르다.

대부분의 외국어 학습자들은 이미 모국어의 언어 체계, 즉 하나의 언어 프레임에 익숙해져 있으며, 아이들이 모국어를 습득할 때와 유사한 언어 환경에 노출되어 있지도 않다. 설사 학습하고자 하는 언어의 나라에 머물고 있다고 해도 본인의 의지와 노력이 없으면 더 이상 자연스러운 습득은 이루어지지 않는다. 그리고 우리는 모국어를 습득할 때만큼 그렇게 느긋하지도, 시간이 많지도 않은 현대인이 아닌가.

그러다 보니 상술한 여러 문제점을 극복할 수 있는, 또한 짧은 시간에 효과적으로 학습할 수 있는 수많은 외국어 학습법이 생겨나고, 이러한 학습법들도 나름 크고 작은 학습 효과를 분명 가져다주겠지만, 십 수 년 외국어 교육을 하면서 느낀 것은 모든 사람에게 똑같은 단 하나의 왕도란 없다는 것이다.

대부분의 공부가 그렇듯 외국어 공부 역시 암기가 전제된다. 암기한 것들을 많이 말해보고, 많이 듣는 것이 중요한데 이는 그 표현법들에 익숙해지고 그 표현들을 습관화하기 위해서이다. 그러나 또한 대부분의 공부가 그렇듯 조건없는 암기는 고통이다. 그러다 보니 단어들이 난데없이 꼬리를 물기도 하며, 각종 시각화된 이미지 카드들이 등장하는 등 단어를 암기하는 데 유리한 여러가지 인지활동이 총망라 된다. 꼬리를 무는 단어나 이미지 카드 등은 모두 보다 효율적으로 암기하려는 방편이기 때문이다. 외국어 학습에서 암기 해야 하는 것은 비단 단어, 숙어만이 아니다. 단어를 배열하는 규칙 역시 암기해야 한다. 즉 문법도 암기를 전제하는데, 단어의 꼬리를 찾고 이미지를 활용하는 것처럼 문법을 암기하는 데도 좋은 방편이 있을까?

이해하는 것이다.

언어는, 그중에서 특히 문법은 자의적으로 만들어졌다기보다 많은 부분이 인간의 사유가 동기화된 것이다. 문법이 논리를 기반으로 한다는 이유도 바로 여기에서 비롯된다. 모국어에 익숙해진 학습자들이 외국어 습득에 어려움을 겪는 이유도 이와 다르지 않다. 이미 모국어라는 프레임에 맞추어 생각을 언어화하는 데 익숙해져 있기 때문에 새로운 프레임에 맞추는 것이 어려울 수밖에 없다. 외국어 문법 공부는 모국어의 프레임을 이해하고 그것이 외국어의 프레임과 어떻게 다른지를 이해하는 데서 시작하여 그 이해를 기반으로 하되, 그 프레임으로 생각을 언어화하는데 익숙해지는 것으로 마무리될 것이다.

이 책은 중국어 문법을 이해하려고 애쓰는 노력에서 시작한다. 그리고 부족한 설명이나마 한국어에 대한 이해를 도울 수 있도록 서술하고자 하였다. 우선 한국어의 프레임이 네모난 모양인지, 별 모양인지를 알아야 그 외국어 프레임에 맞출 수가 있지 않을까? 나는 네모난데 프레임이 동그랗다면 나의 네모를 어떻게 깎고 다듬어야 하는지를 알아야 동그라미 속에 끼워 맞춰질 것이므로 외국어를 공부할 때는 한국어에 대한 이해도 수반되어야 한다.

물론 중국어 문법에도 외워야 하는 항목들이 아주 많다. 그러나 그 수많은 항목들을 가벼운 논리를 곁들여 이해하며 외운다면 억지로 머릿속에 구겨 넣으려 애쓰지 않아도 되는 예들이 더 많을 것이다.

이러한 책의 구성 목표에 따라 중국어 문법의 모든 항목을 망라하기보다 이해를 통한 학습이 필요한 항목들을 위주로 내용을 구성하였다. 따라서 중국어 문법에 전혀 기초가 없는 독자들에게는 매력적인 교재가 아닐 수도 있을 듯하다.

차   례

I. 문법, 중국어 문법에 대해서 생각해보기 10

  문법? 10

  문법 지도(map) 15

  중국어 문법 18

  문법 용어 익히기 20

  문장 성분 23

  낱말(품사) 27

II. 문장 만들기 36

  술어 41

  술어와 목적어 71

  술어와 부사어 77

  술어와 보어 82

1. 결과보어 86

　　2. 방향보어 95

　　3. 가능 보어 103

　　4. 상태보어 110

　　　　상태보어와 구분되는 정도보어 118

　　5. 수량보어 119

　술어와 조사 '了' 126

Ⅲ. 특수한 문장 형식 144

　'把'구문 144

　'被'구문 162

　연동문 170

　겸어문 175

　존현문 180

I. 문법, 중국어 문법에 대해서 생각해보기

문법?

필자는 중국어를 전혀 할 줄 모르는 상태 - 성모, 운모가 무엇인지 조차 없는 상태에서 북경으로 유학을 가서 중국어를 배우기 시작했다. 당시 우리 반은 나와 같은 한국인뿐 아니라 일본, 영국, 레바논 등 여러 나라에서 온 유학생 8명이 모여 bo, po, mo부터 시작하였고, 몇 달 후 우리들은 아주 유창하지는 않을지라도 중국어로 문장을 만들어 대화를 하게 되었을 뿐 아니라, 심지어 농담을 주고받을 수도 있었다. 그때 우리는 틀리게 말해도 찰떡같이 알아들으며 서로의 이야기를 충분히 이해하였는데, 우리가 만들어낸 문장이 상황이나 배경을 떠나 홀로 공중에 떠 있는 것이 아니라 대화의 배경을 공통으로 인식하고 있는 상태에서 우리에게 전달되어 왔기 때문이었다. 전체 맥락을 배경으로 하면 상대방의 틀린 문장도 알아들을 수 있는 경우가 많았다.

언젠가 TV에서 영어가 서툰 한국인 개그맨과 역시나 영어가 서툰 태국 사람이 대화하는 장면을 본 적이 있다. 한국인 개그맨이 앉아 있는 태국 사람에게 일어나 달라는 말을 실수로 'sit down, please'라고 했는데도 그 태국 사람은 벌떡 일어났고, 주위는 웃음바다가 되었다. 필자는 그 장면을 보면서 이 역시 언어의 속성을 잘 나타내어주는 에피소드라고 생각을 하였는데, 그 태국 사람 역시 'sit down, please'의 언어적 의미보다는 상황과 맥락 속에서 그 문장을 이해했기 때문에 앉으라는 문장을 듣고도 일어선 것이다.

일상의 많은 상황 속에서 우리는 이러한 경험을 할 수 있으며 이는 모국어로 대화하든 외국어로 대화하든 크게 다르지 않다. 오히려 상황과 맥락 속에서 상대의 문장을 이해하려고 하는 노력은 외국어로 의사소통을 진행할 때 더욱 간절해질지도 모르는 일이다.

내가 구사하는 외국어가 문법적으로 완벽하지 않아도 괜찮다. 어떤 외국인이 나에게 엉터리 한국어로 길을 물어도 나는 그 문장을 이해하려고 애쓰며 길을 가르쳐주려고 하는 것과 마찬가지로 나의 완벽하지 않은 외국어도 그 나라 사람들은 이해하려고 애쓰고 소통하려고 애쓸 것이기 때문이다. 그러나 내가 만일 시장에서 과일을 사는 데만 중국어를 쓰고, 식당을 찾기 위해 길을 묻는 데만 중국어를 쓰고, 여행 다니며 차표를 끊는 데만 중국어를 쓸 것이 아니라면, 어떤 책이나 혹은 영화에 대한 감상을 중국인 친구와 중국어로 나누려고 할 때면, 어떤 거래를 성사시키기 위해 중국인 바이어와 상담을 하려고 할 때면, 우리는 상황과 맥락에만 의존할 수가 없다. 그럴 때는 문법이 필요하다.

문법은 규칙이다.

언어의 재료로 단어를 만들고 문장을 만들어내는 규칙이다. 다만 지키지 않으면 안 되는 강제성을 지니는 규칙이 아니라, 그 언어를 공동으로 쓰는 사람들 간의 약속으로 이루어진 규칙이다. 하늘을 하늘이라고 부르기로 하고, 강을 강이라 부르기로 하고, 책을 책이라고 부르기로 한 것처럼, 동작을 하는 사람은 문장의 맨 처음에 두기로 하고, 동작의 내용은 동작자 뒤에 두기로 하자 하는 등의 약속인 것이다. 다만 책상을 책상이라고 부르는 것은 언어 사용자 간의 자의적인 약속일 뿐이지만, 문장을 만드는 규칙은 인간의 사고와 밀접하게 연관되어 논리를 바탕으로 하고 있다는 점에서 차이가 난다.

여기에 대해 조금 더 얘기해보자.

    a. 엄마, 나 가요.
    b. 어디 가는 거니?

위의 대화처럼 누군가 우리에게 '나 갈 거야!'라고 말했다면 우리는 '어디?'라고 되물을 수 있다. 왜냐하면 '가다'라는 동사는 기본적으로 어디로 가는 지 그 목적지에 대한 정보를 요구하는 단어이기 때문이다. 목적지는 대체로 '장소'이므로 '가다' 동사는 기본적으로 장소를 나타내는 단어와 함께 쓰일 것이다. 만일 위 예에서 a)가 목적지를 함께 말함으로써 하나의 완전한 정보를 제공하였다면 대화는 아래와 같이 진행될 수도 있다.

    a. 엄마, 나 친구 집에 가요.
    b. 그래. 재미있게 놀다 오렴.

혹은 딸에게 궁금한 것이 더 많은 엄마라면 더 많은 정보를 요구할지도 모르겠다.

    a. 엄마, 나 친구 집에 가요.
    b. 그래? 언제 올 거니?

'가다'와 마찬가지로 이동을 나타내는 단어들로 '오다', '도착하다'등의 단어가 있으며, 이들도 모두 장소를 나타내는 낱말과 함께 '어디에 오다', '어디에 도착하다'라고 말하는 것으로 하나의 완전한 정보를 제공하게 된다. 이는 어떤 특정 언어에 한정되는 현상이 아니라 인간의 일반적인 사고에 부합하는 것으로 언어 보편적 현상이다.

앞서 설명한 내용들이 문법책에서는 이렇게 한 줄로 설명될 것이다.

이동 동사는 장소 명사를 목적어로 가진다.

이제는 한국어와 중국어의 차이에서 비롯되는 문법 현상을 살펴보자.

나는 내일 집에 간다.
나는 엄마한테 갈 거야.

위의 두 문장을 중국어로 옮기면 아래와 같다.

나는 내일 집에 간다.
→ 我明天回家。
나는 엄마한테 갈 거야.
↦ *我要去妈妈。
→ 我要去妈妈那里。

한국어의 조사 '~에(게)', '~한테'는 행동이 미치는 대상을 나타내는 조사로써, '가다'라는 동사와 함께 쓰이면 동작이 미치는 대상으로서의 장소를 나타낼 수 있다. 따라서 '엄마'와 같이, 장소가 아닌 사람을 나타내는 단어와 결합하여도 목적지를 나타낼 수 있다.

반면 중국어는 이러한 역할을 해줄 수 있는 조사가 없고, 게다가 동사 '去'뒤에는 반드시 장소를 나타내는 단어가 와야 하는데, '妈妈' 자체는 장소가 아니므로 '去妈妈'가 성립할 수 없다. 장소를 나타내지 못하는 단어들을 이동 동사와 함께 쓰려면 이들을 장소를 나타내는 말로 바꾸어 주어야 한다. 그러기 위해 중국인들은 이러한 단어 뒤에 '这儿', '那儿' 혹은 '里', '外', '上' 등의 위치를 표시할 수 있는 단어, 즉 장소를 나타내는 대명사나 방향을 나타내는 방위사를 붙여 장소를 나타내는 말로 바꾸어 주는 것이다.

 *我去妈妈。
 → 我去妈妈那儿。
   나는 엄마에게 간다.

 *你来我!
 → 你来我这儿!
   너 나한테 와라!

문법이 논리를 전제로 한다는 것은 이와 같은 예에서 엿볼 수 있다.

문장을 만드는 문법은 시계 속 태엽들이 서로 맞물려 돌아가는 것과 같다. 시계 속에는 두 개 혹은 세 개의 태엽이 맞물려 돌아가면서 시침과 분침, 혹은 초침까지 돌게 한다. 이때 두 바퀴의 톱니가 크기도 다르고 위치도 맞지 않아 서로 맞물리지 않는다면 이 태엽은 돌아가지 않는다. 이동 동사라는 톱니바퀴, 장소 명사라는 톱니바퀴가 서로 맞물려야만 '누가 어디로 간다'라는 의미의 문장이 만들어지는 것이다. 단순히 '이동 동사 뒤에는 장소명사만 온다'라고 외우지만 말고 왜?라고 한 번만 생각해보면 그 이치는 아주 단순함을 알 수 있다.

문법 지도(map)

　문법을 공부할 때 머릿속에 문법 지도를 하나 그려두는 것도 도움이 된다. 문법 지도라고 해서 무슨 보물 지도처럼 문법을 잘 할 수 있는 엄청난 비법 같은 것을 그려 놓은, 그런 거창한 것이 아니라 주어, 술어, 목적어 같은 문법 단위나 문장의 종류 등을 차례로 그려놓은 것을 말한다. 문법책의 목차도 좋다. 물론 언어의 수많은 현상이 이 문법 지도 속에서 모두 그 길을 찾을 수 있는 것은 아니다. 그러나 어떤 문장을 이해하려고 한다거나 분석하고자 할 때 문장이나 문장을 이루고 있는 재료들을 이 문법 지도 속에서 찾다 보면 생각보다 간단하다고, 혹은 쉽다고 느낄 수 있는 경우가 많기 때문이다.

　　我经常把今天的工作推到明天。
　　　나는 늘 오늘 일을 내일로 미룬다.

　언급한 문법 지도를 가지고 위의 문장을 분석해보자.

　사실 분석이라고 하면 이 문장이 가지는 통사적 구조, 의미적 혹은 화용적 특징, 인지적 관점에서 어쩌고저쩌고하는, 보다 어려운 얘기들이 오고 가야 할 것 같지만, 이 문법책에서 우리가 하고자 하는 분석은 이 문장이 어떤 재료들로 어떻게 구성되어 있는지를 살펴보는 정도의 분석이다. 이 정도만 제대로 할 줄 알아도 중국어 문장의 기본적 구조는 알고 있는 셈이니까.
　그래도 분석이라는 단어가 어렵게 느껴진다면 분해라고 해도 좋겠다.

```
我         经常把今天的工作推到明天。
주어부              술어부
         ⇩
我      经常   把今天的工作    推     到明天。
주어   부사어   목적어(/부사어)   술어    결과보어
         ⇩
我    经常   把   今天  的   工作   推    到    明天。
대명사  부사  전치사  명사  조사  명사  동사  전치사  명사
         ⇩
형태소 (2음절 단어들은 각각 다시 1음절의 형태소로 분해할 수 있다)
```

    중국어의 모든 문장은 크게 주어부와 술어부로 나눌 수 있다. 가장 큰 분해 단위인데, 대체로 진술 대상과 진술 내용으로 이루어진다. 바꾸어 말하면 무엇에 대해서 무엇을 이야기하느냐로 이루어진다는 것이다. 위의 예문에서 진술 대상은 '我', 즉 '나'에 대해서 이야기하고, 진술내용은 나머지 내용으로 '오늘의 일을 내일로 미루었다'는 것을 이야기하고 있다. 이 주어부와 술어부는 다시 더 작은 단위로 나눌 수 있는데 위의 문장은 주어가 하나의 단어만으로 주어부를 구성하고 있으므로 술어부만을 더 작은 단위로 나눌 수 있다.

    술어부는 술어를 중심으로 해서 술어를 수식하거나 보충하는 요소들과 함께 구성되는데, 중국어의 경우 부사어, 목적어 그리고 보어가 그 구성 요소들이 될 수 있다. 다시 말해, 만일 술어가 어떤 동작을 나타낸다면 동작의 대상이나 동작이 일어난 장소 혹은 시간 등을 나타내는 성분들이 함께 술어부를 구성하는 것이다. 각 문장 성분들은 그들을 구성하는 더 작은 단위, 즉 낱말로 다시 나눌 수 있는데, 대부분 여기까지를 문법이라고 보며 단어 아래의 하위 단위, 즉 형태소는 형태론의 범주에서 논의하게 된다. 다만 중국어는 형태소가 결합하여 낱말을 만드는 방법과 낱말들이 결

합하여 문장을 만드는 방법이 서로 유사하기 때문에 형태소 또한 문법에서 다루는 경우가 많다.

상술한 분석은 일반적인 문법책에서 볼 수 있는 기본적 단위와 내용들로 구성한 것이다. 다만 여기서 한 가지 짚고 넘어갈 부분이 있는데 바로 필자가 목적어로 설명한 '把今天的工作'이다. 의미상으로 볼 때 이 단어구는 동작을 받는 대상으로, 전형적인 목적어이다. 그런데 통사적으로 볼 때 동사 술어 앞에 위치한다는 점, 전치사 '把'와 함께 전치사구를 구성하고 있다는 점은 중국어 문법에서 이야기하는 전형적인 목적어의 특징이 아니다. 즉, 통사적 관점에서 볼 때 이는 부사어이다. 그렇다면 이 단어구를 목적어로 규정할 것인가, 아니면 부사어로 규정할 것인가 하는 문제가 남는데, 이러한 분석은 우리의 몫이 아니므로 이러한 두 가지 견해로 설명할 수 있다는 점까지만 알고 넘어가도록 하자. 우리가 이 책을 통해 중국어 문법을 공부하는 이유는 이 성분이 목적어인지 부사어인지를 규정하기 위해서가 아니라 이러한 내용의 문장을 중국어로 어떻게 만들어 내는지 알기 위해서, 이러한 문장의 구조를 이해하기 위해서이다. 그러므로 이 성분이 목적어인지, 부사어인지를 규명해야 하는, 더 복잡하고 어려운 것은 중국어학자들의 몫으로 미루어두기로 하자.

위의 과정에서 살펴본 '분석'은 사실 여러분도 눈치를 챘겠지만 큰 단위의 문장을 좀 더 작은 단위로 나누어 각 단위의 정체가 무엇인지 살피고, 그 단위를 다시 더 작은 단위로 나누어 각 단위가 무엇인지 살피는 과정 즉, 분절의 과정이다. 이미 완성된 하나의 문장을 자르고 나누어 그 문장의 구성을 살펴보는 것이다. 이러한 분석, 혹은 분해 과정을 반복해서 연습하는 가운데 중국어 문장의 구조에 대해 조금 더 이해할 수 있다고 여긴다.

중국어 문법

이처럼 문법을 공부하다 보면 수없이 많은 분절과 분류, 그리고 정리 작업에 마주치게 된다. 이 분해 과정은 문장만 쪼개고 나누는 것에 그치지 않고 소리의 단위에까지 이르러 자음과 모음을 나누고, 자음을 다시 파찰음, 마찰음, 파열음 등으로 분류하기까지 한다. 문장을 나누고 단어를 쪼개고 나누어 여러 기준에 따라 분류하고 정리하는 작업을 수없이 반복하다 보면 이렇게 많은 분류와 정리가 무슨 의미가 있는지, 이런 분류를 잘한다고 해서 문법을 잘 하게 되는지 가끔 의심스럽기도 하다. 그렇지만 이런 분해, 분류, 정리 작업에 대해 곰곰이 생각해보면 그 쪼개고 나누어 분류하는 작업 과정 중에 수많은 문법적 성질이 드러남을 알 수 있다. 문법은 이처럼 끊임없이 쪼개고 나누어 정리하고, 그것들을 또다시 결합시키는 작업에 필요한 규칙(혹은 약속)들을 설명하는 것이기 때문이다.

중국어의 경우, 이 분해과정은 아래와 같은 단위를 기준으로 진행된다.

문장성분	주어		
	술어		
	목적어	직접목적어 / 간접목적어	
	관형어		
	부사어		
	보어	결과보어	
		방향보어	
		가능보어	
		상태보어	
		정도보어	
		수량보어	시량보어 / 동량보어

⬇⬇⬇⬇⬇ (문장성분에서 낱말로 분해)

낱말	명사	고유명사 / 보통명사
		시간사 / 처소사 / 방위사
		가산명사 / 불가산 명사 / 집합명사
	대명사	인칭대명사 / 지시대명사 / 의문대명사
	수사	기수사 / 서수사
	양사	개체양사 / 집합양사 / 도량사
		명량사 / 동량사
	동사	자동사 / 타동사
		지속동사 / 비지속성동사
		동작동사 / 관계동사 / 존현동사
		심리동사 / 사역동사 / 방향동사 / 조동사
	형용사	성질형용사 / 상태형용사 / 비술어형용사
	부사	
	전치사	
	접속사	
	조사	구조조사 / 동태조사 / 어조조사
	의성사	
	감탄사	

최소한 이 두 표에 등장하는 분류와 용어들만 기억하고 있어도 중국어 문법의 기초를 다진 셈이다. 이제 위 단위와 용어들을 염두에 두고 다시 아래의 문장을 분해해보자.

学生们高高兴兴地回到了学校。
아이들이 즐거워하며 학교로 돌아왔다.

学生们　　高高兴兴地回到了学校。
주어부　　　　술어부
⇊

学生们　　高高兴兴地　回　　到了　　学校。
주어　　　　부사어　　　술어　보어　　목적어
⇊

学生　　们　　高高兴兴　地　　回　　到　　了　　学校。
보통명사 복수접미사 상태형용사 구조조사 동사 동사 동태조사 처소사

    문장을 이처럼 분해하고 각 성분, 혹은 각 단어가 위의 문법 지도에서 어디에 속하는 것인지만 알아도 이미 많은 부분을 해낸 것이다. 이 용어들에 익숙해지기만 해도 문법책을 읽어나가기가 훨씬 수월하기 때문이다. 외국어의 문법을 공부하면서 여러분들이 가장 힘들어하는 부분이 아마도 낯선 문법 용어일 것이다.

문법 용어 익히기

    그런 의미에서 필자는 용어에 대해 두려워하지 말라고 당부하고 싶다.

    용어를 잘 이해하면 문법의 3분의 1 정도를 이해하는 것이라고 해도 과언이 아니다. 문법을 설명할 때 우리가 쓰는 용어들은 문법을 가장 간단하고 명확하게 설명하고자 하는 언어학자들의 노력으로 만들어진 것이라고 여겨주길 바란다. 옆집 강아지를 몸에 난 까만 반점 때문에 점돌이라 부

르고, 앞집 고양이는 그 하얗고 부드러운 털 때문에 두부라고 부르는 것처럼 문법 용어들 역시 그 특징에 근거해서 짓기 때문에 그 이름들을 자세히 보면 해당 문법의 특징 역시 알 수 있다. 예를 들면, 중국어의 특수 구문 중 '연동문(連動文)'이 있는 데 이 명칭을 살펴보면 '동(動)'이 연이어(連) 있는 문장(文)이라는 의미를 나타내고 있음을 알 수 있다. 이때 '동(動)'은 동사라고 생각해도 좋고 동작이라고 생각해도 좋은데, 그렇다면 연동문은 동작을 나타내는 동사가 두 개 이상 연이어 출현하는 문장임을 명칭에서부터 알 수 있다.

이처럼 용어들을 들여다보면 그 용어 속에 해당하는 낱말이나 문법요소들의 특징이 이미 드러나 있기도 하다. 주어는 주체 혹은 주제가 되는 말, 술어는 진술의 내용이 있는 말, 목적어는 목적, 즉 대상이 되는 말, 방향보어는 방향을, 가능보어는 가능성을, 결과보어는 결과를 나타내는 말 등등 각 용어들에 해당하는 낱말이나 성분이 가지는 문법적 특징 등은 우리가 따로 살펴보아야 하겠지만, 그 낱말이나 성분들이 문장 속에서 무엇을 나타내려 했는지에 대한 최소한의 정보는 이 이름들을 통해 얻을 수 있을 것이다. 아래의 예를 통해 알아보자.

중국어의 명사는 가리키는 대상이 셀 수 있느냐 없느냐에 따라 가산 명사와 불가산 명사로 분류할 수 있다. 가산(可算)명사라는 이름에서 셀(算) 수 있는(可) 대상을 가리키는 품사임을, 불가산(不可算)명사라는 이름에서 셀(算) 수 없는(不可) 대상을 가리키는 품사임을 알 수 있는데, 이러한 분류가 중요한 이유는 중국어가 다른 언어에 비해 양사가 발달한 언어로 대부분의 명사는 그 특징을 설명할 수 있는 양사와 함께 쓰이기 때문이다. 만일 셀 수 있는 명사라면 함께 쓰이는 양사 또한 그러한 의미를 나타내는 것이어야 하고 셀 수 없는 명사라면 결합하는 양사 역시 그러한 의미를 나타낼 수 있어야 한다. 다시 말해 그 명사가 지시하는 대상이 셀 수 있느냐 셀 수 없느냐 그 자체가 중요한 것이 아니라 이에 대한 구분을 근거로 하여 결합하는 양사의 선택이 중요한 것이다. 그러므로 아래와 같이 설명할 수 있다.

- 가산명사는 셀 수 있는 명사로, 같이 쓰이는 양사 역시 그러한 의미를 나타낼 수 있어야 한다. 옷이나 책과 같은 단어들은 한 벌, 두 벌, 혹은 한 권, 두 권과 같이 낱개로 떼어 셀 수 있으므로 양사 또한 그러한 성질을 나타낼 수 있어야 한다.

一本书　　一条江　　一只狗　　一件衣服

- 불가산명사는 한 개, 두 개 등의 개념으로 셀 수 없는 명사를 말한다. 물은 어떤 단위로 나누기 전에는 한 개, 두 개의 개념으로 셀 수 없다. 따라서 컵에 담긴 물을 셀 때는 한 컵, 두 컵으로 세고, 주전자에 담긴 물을 세려면 한 주전자, 두 주전자와 같이 셀 수밖에 없다. 이렇게 셀 수 없는 명사를 양사와 함께 나타내고자 한다면 그 양사 또한 단위를 나타내는 도량사이거나 부정(不定) 양사여야 한다. 그러므로 상황에 따라 화자가 말하고자 하는 단위가 다르면 양사도 달라질 수 있다.

一桶水　물 한 통　　　一杯水　물 한 잔　　　一点儿水　물 한 방울
一壶酒　술 한 주전자　一杯酒　술 한 잔　　　一滴酒　술 한 방울

그런데 양사와의 결합과 관련해서 한 가지 더 유념할 필요가 있는 명사 종류가 있는데 바로 집합명사이다.

- 집합명사는 명사가 가리키는 내용이 항상 둘 이상의 개체로 구성된 것을 말한다. 여럿이 모여 있는 대상을 한꺼번에 가리키는 낱말이므로 집합이라는 명칭을 쓰는데, 예를 들면 부부, 신발,

형제 등의 낱말이 집합명사에 해당한다. 왜냐하면, 부부나 형제들은 한 사람으로는 구성할 수 없고 반드시 둘 이상의 사람으로 구성되기 때문이다. 또한 '布匹', '书本', '书籍', '马匹', '车辆', '船只' 등과 같이 총칭의 개념을 나타내는 단어들도 마찬가지이다. 따라서 이들은 하나, 둘, 혹은 셋 등을 가리키는 양사와 함께 쓸 수 없고, 양사 자체가 집합의 개념을 나타내거나 혹은 부정(不定)양사와만 결합할 수 있다.

一些亲友　　一批军火
*一个夫妇　→　一对夫妇 / 夫妇两个 / 夫妇俩
一个词　↦　*一个词汇　→　一些词汇
一个人　↦　*一个人口　→　一些人口

　이처럼 문법 용어를 잘 이해하는 것은 문법 공부를 조금이나마 더 수월하게 하는 하나의 방법이 될 수도 있다.

　내친김에 한 걸음 더 나아가 위에서 언급한 분절 단위와 그 내용들을 명칭에 근거하여 간단하게 살펴보자. 중국어의 문법 단위가 이제부터 살펴볼 범주에서 크게 벗어나지 않으니, 그 내용들을 잘 기억해두고 중국어 공부를 하면서 만나게 되는 문장들을 이 내용에 따라 하나씩 분절해 나가면 중국어 문법 공부에 도움이 됨을 믿어 의심치 않는다.

문장 성분

　중국어의 문장 성분은 총 6개로 나눌 수 있다. 즉, 중국어의 문장은 이 6개의 문장성분으로 설명할 수 있다. 아래 예시문을 통해 중국어의 문장 성분이 한국어와 어떻게 대응되는 지 유의하면서 살펴보기를 바란다.

1. 주어

문장 내에서 동작의 주체 혹은 대화의 주제 역할을 하는 성분을 가리킨다.

我们明天去看中国武术电影。
우리는 내일 중국 무술 영화를 보러 간다.

2. 술어

주어에 대해 진술하거나 설명하는 성분을 말한다.

我们**明天去看**中国武术电影。
우리는 내일 중국 무술 영화를 보러 간다.

3. 목적어

동작의 목적이 되는 대상을 말한다.

我们明天去看中国武术**电影**。
우리는 내일 중국 무술 영화를 보러 간다.

4. 관형어

명사성 성분인 주어나 목적어를 꾸며주는 성분이다.

我们明天去看中国武术电影。
우리는 내일 중국 무술 영화를 보러 간다.

5. 부사어

술어 앞에서 술어를 수식하는 성분을 말한다.

我们明天去看中国武术电影。
우리는 내일 중국 무술 영화를 보러 간다.

6. 보어

술어 뒤에서 술어를 보충해주는 성분을 말한다. 이 보어는 그 내용에 따라 다시 여섯 가지로 하위분류할 수 있다.

6.1 결과보어 ← 동작의 결과를 나타내는 보어

天不早了, 赶紧叫醒他吧。
→ 시간이 이르지 않아. 빨리 그를 불러서 (그 결과) 깨우자.
⇒ 빨리 그를 불러 깨우자.

他每次把我的名字写错。
→ 그는 내 이름을 쓰는데, (그 결과) 매번 틀린다.
⇒ 그는 매번 내 이름을 틀리게 쓴다.

妈, 饭煮熟了没有?
→ 엄마, 밥이 삶아지고 (그 결과) 익었나요?
⇒ 엄마, 밥이 다 익었나요?

6.2 방향보어 ← 동작의 방향을 나타내는 보어

屋子里突然走出来一个人。
　방안에서 갑자기 어떤 한 사람이 걸어 나왔다.

他说明年还要在这个学校学下去。
　그는 내년에도 이 학교에서 (계속) 공부해나갈 것이라고 했다.

这个哲学问题, 你能回答上来吗?
　이 철학 문제를 네가 대답해낼 수 있겠니?

6.3 상태보어 ← 상황이나 사건의 상태를 나타내는 보어

他都激动得说不出话来了。
　그는 너무 감격해서 말이 나오지 않았다.

妈妈听到我考上大学后, 高兴得眼泪都流出来了。
　엄마는 내가 대학에 합격했다는 것을 듣고 너무 기뻐 눈물이 나왔다.

问题还是不要想得太简单。
　그래도 문제는 너무 간단하게 생각해선 안돼.

6.4 정도보어 ← 상황의 정도를 나타내는 보어

拔牙如果不打麻药, 肯定会疼得要命。
　이빨 뽑는데 만일 마취를 하지 않는다면 틀림없이 죽을 만큼 아플 거야.

接二连三的坏消息, 真闹得慌。
　연달은 나쁜 소식에 정말 (마음이) 어수선하다.

这个菜辣得很。
　이 요리는 너무 매워.

6.5 가능보어 ← 동작, 혹은 동작 실현의 가능여부를 나타내는 보어

饭硬, 有胃病的人吃得了吗?
　　밥이 딱딱한데, 위장병이 있는 사람이 먹을 수 있을까?

这么大的桌子, 搬得进去吗?
　　이렇게 큰 테이블을 (안으로) 옮겨 넣을 수 있을까?

我擦不掉黑板上的字。
　　나는 칠판 위 글자들을 닦아 지울 수가 없네.

6.6 수량보어 ← 동작의 시간이나 횟수를 나타내는 보어

为了找他, 我跑了十来趟。
　　그를 찾으려고 나는 열 몇 번이나 뛰어 다녀왔다.

你把题目再检查一遍。
　　너는 제목을 다시 한번 더 검토해보렴.

他一直休息了三天。
　　그는 3일 연속 쉬었다.

이 문장 성분들은 더 작은 단위인 낱말로 다시 분해할 수 있다.

낱말(품사)

1. 명사

어떤 사람이나 사물의 이름을 가리키는 말이다. 공부하거나 책을 볼 때,

혹은 일을 할 때 앞에 놓고 쓰는 상을 우리는 책상이라고 부른다. 말하자면 그 사물의 이름이 '책상'인 것이다. 아시아 대륙 동쪽 끝에 위치한 한반도와 주변 섬들로 이루어진 공화국은 그 이름이 '대한민국'이다. 이처럼 어떤 사람이나 사물을 일컫는 이름을 우리는 명사라고 분류한다. 그러므로 이 세상에 존재하는 (심지어 본 적도 없는 존재까지도) 사람이나 사물은 모두 이름이 있다고 볼 수 있으며, 그 이름들은 모두 어떤 기준에 따라 다시 다양하게 분류될 수 있다.

만약, 책상처럼 어떤 사물을 두루 가리키는 말이면 이를 보통명사로, '백두산'이나 내 친구 '영희'처럼 세상에 단 하나밖에 없는 존재에 대한 이름이면 이를 고유명사로 분류한다.

혹은 그 명사가 책상이나 연필처럼, 우리 반에 모여 있는 친구들처럼 하나, 둘 이렇게 셀 수 있는 대상이라면 가산명사로, 주전자에 들어 있는 물이나 내 방안에 가득 차 있는 공기들은 하나, 둘, 셋, 이렇게 셀 수 없는 대상들이므로 이들은 불가산명사로 분류할 수 있다. 또 어떤 존재는 하나가 아니라 반드시 둘 이상의 모여 하나의 명사를 이루기도 하는데 '부부'와 같은 단어가 이에 속한다. 이런 명사는 집합명사로 분류한다.

2. 대명사

대명사는 말 그대로 명사를 대신해서 쓰이는 말을 가리킨다.

사람을 대신하는 단어는 인칭대명사('我', '你', '他' 등등), 사물이나 장소, 시간 등을 대신하는 단어는 지시대명사라고 하는데, '이것', '저것', '여기', '저기', '이때', '그때' 등의 단어가 이 지시대명사에 속한다. 대명사는 대신하여 쓰이는 말이기 때문에 만일 명사를 대신하여 쓰인다면 그 낱말은 명사의 문법적 특징과 같고, 만일 동사를 대신하여 쓰인다면 동사의 문법적 특징과 같다.

3. 수사

그야말로 '一', '二', '十', '千', '万'과 같이 숫자를 나타내는 낱말이다. 중국어 역시 한국어와 마찬가지로 십진법을 쓰기 때문에 중국의 수 개념을 이해하는 것이 영어나 불어에 비해 쉬울 수 있다. 그러나 '0'이 들어가는 숫자를 읽는 법, 백 단위 이상의 숫자 읽는 법 등은 한국어의 숫자 읽는 법과 다소 차이가 나기도 하므로 따로 유의하여 익힐 필요가 있다.

4. 양사

사람이나 사물의 수량 단위, 혹은 동작의 횟수 단위를 나타내는 낱말로, 중국어의 양사는 다른 언어에 비해 그 수나 표현기능이 아주 다양하다. 양사가 발달한 가장 큰 이유는 제한적인 음절수로 인해 동음이의어가 유난히 많은 중국어의 결합을 극복하는 하나의 방법이기 때문이다.

一张画 / 一句话   一把壶 / 一个湖
그림 한 장 / 말 한 마디   주전자 하나 / 호수 하나

'画(huà)'과 '话(huà)', '壶(hú)'와 '湖(hú)'는 서로 발음이 동일한 동음이의어들이다. 동음이의로 인해 혼돈할 수 있는 낱말들은 같이 결합하는 양사에 따라 구분할 수 있는데, 양사가 명사의 특징을 나타내주는 기능도 하기 때문이다.

양사의 이러한 역할은 하나의 명사가 여러 개의 의미를 가질 때 각각의 의미에 따라 다른 양사를 결합함으로써 그 의미를 구별하게 하는 데도 쓰인다.

一棵菜　　/ 一道菜
채소 한 포기 / 요리 한 접시

혹은 양사의 차이에 따라 수량이나 모양의 차이를 보여줄 수도 있다.

一块布　/一匹布　　一颗珠子 /一串珠子
한 조각 / 천 한 필　　구슬 한 알 / 구슬 한 줄

5. 동사

동작행위, 존재, 관계, 심리 활동 따위를 표현하는 낱말이다. 형용사와 함께 문장 내에서 주로 술어로 활용되며 문장 의미의 중심을 이루는 경우가 많아 그 용법이나 특징 또한 아주 다양하다.

去　来　写　看　研究　喜欢

6. 형용사

사람이나 사물의 상태, 혹은 성질이나 속성을 나타내는 낱말이다. 동사와 함께 문장 내에서 주로 술어로 활용되며, 의미기준에 따라 혹은 활용 기준에 따라 다양하게 분류하여 살펴볼 수 있다. 동사와 형용사는 다음 장에서 자세하게 살펴보도록 하자.

大　小　好　坏
冰凉　通红　漆黑
男　女　金　高级

7. 부사

주로 술어 앞에서 술어를 꾸며주는 역할을 많이 하는 낱말이다. 술어 앞의 부사로 인해 문장의 의미가 더욱 명확해지는 경우가 많다.

很　再　才　只　都

8. 전치사

명사나 대명사 앞에 쓰여 술어의 시간, 방향, 장소, 대상 등을 나타내는 낱말이다. 대부분 고대 중국어에서 동사로 쓰이던 낱말이 점차 동사로서의 의미 기능을 상실하면서 생성된 낱말이기 때문에 일부 전치사는 여전히 동사의 기능을 겸하면서 두 품사의 특징을 모두 나타내기도 한다.

在　把　被　从　连

부사와 전치사는 명사, 동사, 형용사처럼 구체적이고 실질적인 내용을 가지는 것이 아니라 주로 문장 내에서 어떠한 문법적 기능을 담당한다. 실질적인 의미가 없기 때문에 이러한 낱말들을 허사(虛辭)라고 부르는데, 그 수가 동사나 형용사와 같은 실사에 비해 제한적이다. 그러므로 품사적 특징보다 개별 낱말의 용법을 익히는 것이 비교적 유리하다.

9. 접속사

낱말, 구, 절, 문장 등을 연결하는 낱말로 연결하는 성분 간의 의미 관계를 나타낼 수 있다. 그러나 실질적인 의미가 아닌, 어디까지나 관계를 나타내는 것으로 문장 성분 안에 포함되지 않는다. 즉, 문장 속에서 접속사는 앞서 살펴본 6가지 문장 성분 중 그 어느 것에도 해당되지 않는다. 또한 중국어의 접속사는 문맥상 상황이 분명한 경우 생략되기도 한다. 한국어의 경우 두 개 이상의 구나 단문은 접속사가, 아니면 접속 어미라도 반드시 삽입되어 연결되는 반면 중국어는 그렇지 않다. 놀라운 점은 대부분의 외국인 학습자들이 접속사의 생략 현상을 큰 어려움 없이 학습한다는 것으로, 이는 낱말이나 문장의 연결이 인간의 보편적이고 공통적인 인지적 원리에 근거하기 때문이라고 유추할 수 있다.

可是　如果　即使　虽然　不但

你去, 我就去。
↪ *네가 간다, 나는 간다.

因为你去, 所以我就去。
→ 네가 가니까 나도 가는 거야.

如果你去, 我就去。
→네가 가면 나도 갈 거야.

10. 조사

낱말, 구, 문장 뒤에서 구조, 동사의 상(相), 어조를 나타내는 낱말이다. 중국어는 시제를 나타내기 위해 시간을 나타내는 부사어 등을 활용하며, 한국어의 어말 어미처럼 동사에 어떤 성분이 첨가되어 시제를 나타내지는 못한다. 이로 인해 늘 동사/형용사와 결합하는 조사 '了'를 시제를 제시하는 성분으로 착각하거나 그 용법에 혼란을 겪는 경우가 많다. 이를 위해서는 우선 시제와 상에 대한 개념, 조사 '了'가 나타내는 문법적 의미에 대해 세심하게 살펴볼 필요가 있다. 이 역시 다음 장에서 자세하게 살펴보도록 하자.

了　着　的　啊　吗

11. 의성사

소리를 흉내 내는 낱말을 의성사라고 한다. 자음과 모음이 결합하여 다양한 소리를 만들어 낼 수 있는 한국어와 달리 중국어는 음절 수가 제한적이기 때문에 의성사 역시 다양하지 못하다.

啪　哗啦　叮当

또 한 가지 특이한 점은 중국어에는 동작을 묘사하는 의태어가 없다.

'갸우뚱', '슬금슬금', '엎치락뒤치락'처럼 사물이나 사람의 태도, 행동의 모양을 묘사하는 단어가 없다는 특징이 있어 한국어의 의태어를 중국어로 옮길 경우 비슷한 의미의 동사나 형용사 등을 동원하여 번역하는 예가 많다.

12. 감탄사

느낌, 부름, 대답 등을 나타내는 낱말이다.

哦　哎呀　咳

이상이 중국어 문법에서 분류하고 있는 12가지 품사의 내용이다. 낱말의 의미와 문장 속의 역할에 따라 분류하고, 그렇게 분류된 낱말의 종류들을 우리는 '품사'라고 한다.

어떤 낱말이 어떤 품사인지를 아는 것은 그 낱말이 문장 속에서 어떤 역할을 할 수 있는지 예측할 수 있게 해주고 어떻게 활용할지를 알려주는 중요한 열쇠가 된다.

예를 들어 '看'이라는 낱말이 '보다'라는 의미임을 아는 것도 중요하지만, 그 품사가 동사라는 사실을 함께 주지한다면 중국어의 동사가 가지는 기능이나 특징이 이 '看'에도 동일하게 적용됨을 유추할 수 있고, 따라서 그와 같이 활용할 수 있다는 것도 알 수 있다. 즉, 중국어의 동사는 중첩이 된다는 사실을 알고 있다면 '看看'으로 활용해볼 수도 있고, 시간의 양을 나타내는 낱말을 그 뒤에 두어 동작이 진행되는 시간의 양을 나타낸다는 것을 안다면 '看一个小时'으로 작문할 수도 있다. 우리가 낱말들을 그 내용이나 기능에 따라 품사별로 분류하여 그 전체적인 특징 등을 파악하는 이유도 여기에 있다고 하겠다.

그런데 중국어는 한국어와 달리 낱말의 형태론적인 모습만으로는 품사를 예측하기 쉽지 않으며, 한국어의 대역어로 이해할 경우 품사를 잘못 이해할 수도 있으므로 주의할 필요가 있다. 왜냐하면 한국어는 명사와 동사의 구분이 쉬운 데다가 명사에서 동사로 전환되기 위해서는 어형(語形) 변화가 필요한데 중국어는 그러한 변화 없이 문장에서 그대로 활용될 수 있기 때문이다.

예를 들어, 한국어의 '공부'는 명사이고 이 단어를 동사로 쓰려면 뒤에 어미 '-하다'를 결합시켜 '공부하다'로 만들면 된다. 이 동사 '공부하다'를 다시 명사로 만들려면 명사형 어미 '-기'를 결합시켜 '공부하기'로 만들거나 어미 '-하다'를 다시 떼어내어 '공부'로 만들면 된다. 그러나 중국어는 이런 변화 없이 문장 속에서 그대로 활용된다.

나는 수학 공부가 재미있어요.
→ 学习数学, 我很有意思。

나는 수학을 공부하기를 좋아해요.
→ 我喜欢学习数学。

나는 매일 수학을 공부합니다.
→ 我每天学习数学。

그래서 일부 중한사전에서는 '学习'를 풀이할 때 '①동사 : 공부하다', '②명사 : 공부'로 설명하기도 하지만 중국 국내에서 발행된 중국어 사전을 찾아보면 '学习'는 동사로만 풀이되어 있다.

중국어의 '战争'은 '전쟁'의 의미를 지닌 명사이고 '战斗'는 '전투하다'는 의미를 지닌 동사이다. 중국어의 명사는 예외적인 경우를 제외하고 문장에서 술어로 쓰일 수 없으므로 이에 대한 구분이 중요하다. 형태적인 변화 없이 문장 내 위치만으로 문장 성분이 결정되는 언어적 특성 때문에 외국인들이 중국어를 배울 때 아래와 같은 오류를 만들어 내기도 한다.

*美国与伊拉克正在战争。
→ 美国与伊拉克正在战斗。
　미국과 이라크가 지금 전쟁을 하고 있다.

수많은 낱말들 중에서 의미적으로, 통사적으로 공통된 특징을 가진 낱말들을 모아 우리는 품사라는 갈래로 분류하고 정리한다. 각 낱말들은 그 자체가 가지고 있는 특징에 근거하여 화자의 의도에 따라 다른 낱말들과 결합하게 된다. 본 책은 문법을 규칙으로 외우고 활용하는 데 필요한 안내가 아닌, 논리와 이해를 바탕으로 하는 문법 해설을 지향하므로 각 낱말들이 가지는 특징보다는 그들이 다른 낱말과 결합하여 문장을 형성할 때의 여러 결합 원칙에 집중할 것이다.

II. 문장 만들기

　하나의 문장을 만드는 것을 집을 짓는 것에 비유한다면 낱말들은 집을 짓는 데 필요한 건축 재료와도 같은 것이다. 어떤 품사는 모래와 같은 역할을 하고 어떤 품사는 벽돌 역할을 하고 어떤 품사는 집의 뼈대를 이루는 철근의 역할을 하기도 한다. 각 재료들은 때로는 단독으로, 때로는 다른 재료와 함께, 예를 들면 모래와 시멘트가 같이 합쳐져서 벽을 쌓는 등 집이 완성되는 데 필요한 여러 부분을 형성하게 되는 것처럼 낱말들도 이렇게 모여서 문장의 재료가 된다. 문장 성분은 집을 짓기 위해 낱말이라는 재료들이 뭉쳐서 만드는, 낱말보다는 조금 더 큰 단위라고 생각해도 좋다.

　중국어의 문장을 분석해보면 대체로 6가지 성분으로 구성되어 있다. '대체로 6가지 성분'이라고 한 것은 문장 내 모든 단어들을 이 6가지 성분으로 모두 구분해낼 수 있는 것이 아니기 때문이다. 때로 어떤 단어들은 문장 성분으로 설명하기 모호한 예도 있고 어느 단어와 묶어 어떤 성분으로 구분해야 하는 지가 애매한 예도 있다.

　6가지 문장 성분으로 구분해낼 수 없는 요소들이 있다는 것은 그것으로 모든 중국어 문장을 완벽하게 설명할 수 없다는 것을 의미한다. 낱말을 분류하여 품사를 규정하는 것도, 6가지 문장 성분을 규정하여 문장을 분석하는 것도 그 대상인 언어를 이해하고자 하는 하나의 방법에 지나지 않는다. 이 분석 도구는 여전히 불완전하여 많은 문법학자들이 이에 대한 설명을 해내려고 노력한다는 점, 모든 현상들이 문법적으로 완벽하게 설명될 수 없을 수도 있다는 점을 염두에 두자.

앞서 언급한 바와 같이 중국어의 문장 성분은 6가지로 정리하는데, 이 6가지는 주어, 술어, 목적어, 관형어, 부사어, 보어이다.

이 성분들은 대체로 아래와 같은 어순으로 문장 속에 배열된다.

　　주어　+　술어
　　孩子们　吃

　　주어　+　술어 + 목적어
　　孩子们　吃　　饭

여기에 수식 성분인 부사어와 관형어가 삽입된다면 아래와 같다.

　　주어　+　부사어　　+　술어 + 목적어
　　孩子们　高高兴兴地　　吃　　饭
　　관형어 + 주어　+　부사어　+　술어 + 목적어
　　她的　　孩子们　高高兴兴的　吃　　饭
　　관형어 + 주어 +　부사어 +　술어 + 관형어 + 목적어
　　她的　孩子们　高高兴兴的　吃　　她做的　　饭

관형어는 주어와 목적어 앞에서 주어와 목적어를 수식하는 성분이고, 부사어는 술어 앞에서 술어를 수식하는 성분이다. 여기서 부사어의 위치는 의미와 용법이 유사한 보어와 구별할 수 있는 가장 기본적 조건이므로 잊지 않도록 한다.

부사어는 술어 앞에서 술어를 수식해주는 성분이지만 보어는 술어만으로 의미 전달이 부족하다는 전제하에 술어 뒤에서 술어를 보충해주는 성분이다. 위의 문장에 보어를 넣게 되면 문장 성분의 순서는 보다 복잡해진다. 왜냐하면 술어 뒤에 목적어와 보어를 같이 두어야 할 경우 이 둘의 순서가 비교적 복잡하기 때문이다.

기본적으로 보어는 술어를 보충해주는 말이기 때문에 술어-보어와의 관계가 술어-목적어와의 관계보다 긴밀하여 아래와 같이 쓰이는 것이 보편적이다. 즉, 대부분의 보어는 술어 바로 뒤에 오며, 목적어는 보어 뒤에 온다.

   주어 ＋ 술어 ＋ 보어 ＋ 목적어
   孩子们 吃 完 饭

심지어, 보어를 술어 바로 뒤에 두기 위해 하나의 술어를 반복해서 쓰기도 한다.

   주어 ＋ 술어₁ ＋ 목적어 ＋ 술어₁ ＋ 보어
   孩子们 吃 饭 吃了 一个小时

그러나 목적어의 성질과 보어 종류에 따라 술어와 보어 사이에 목적어가 삽입되는 예도 있다. 주로 방향보어와 수량보어의 일부에 한정된다.

   주어 ＋ 술어 ＋ 목적어 ＋ 보어
   孩子们 等 他 一个小时

그리고 복합 형태의 보어라면 목적어가 보어 사이에 들어갈 수도 있다.

주어 + 술어 + 보어1 + 목적어 + 보어2
孩子们 做　 出　 饭　 来了

이에 부사어와 관형어까지 들어간다면 구조는 당연히 더욱 복잡해진다.

주어 + 부사어 + 술어 + 보어1 + 목적어 + 보어2
孩子们 为妈妈 做　 出　 饭　 来了
관형어+주어 + 부사어 + 술어 + 보어1 +관형어+ 목적어 + 보어2
她的 孩子们 为妈妈 做　 出 妈妈要吃的 饭　 来了

중국어가 문장 성분들 간의 문법 관계를 어순으로 표시하는 언어이기는 하지만 단순히 위치에만 의존해서 분석해서도 안 되고, 의미 기능에만 의존하여 분석해서도 안 된다.

중국어는 어순의 엄격함과 자유로움이 공존하는, 그래서 더욱 일괄적 분석이 까다로운 언어이다. 중국어에서는 장소·시간·방위를 나타내는 말이 주어로 쓰이기도 하고, 행위의 주체가 동사 뒤 목적어의 위치에 오기도 하는 등 다양한 구조 형태를 가지고 있다.

门口站着一个人。
　문 입구에 어떤 한 사람이 서 있다.

这间屋子能住三个人。
　이 방은 세 사람이 지낼 수 있다.

这件衣服穿了两代人。
　이 옷은 2대가 입었다.

위 예문들은 동작의 주체가 모두 술어 뒤의 목적어 위치에 있는 문장들이다. 동작의 주체가 주어가 되어 문두에 오는 것이 일반적인 문장 구조임을 고려할 때 특수한 문형이 아닐 수 없다. 위의 예시문에서 술어 앞 성분과 술어 뒤 성분의 문장 성분이 무엇인지를 규명하고자 하는 수많은 논문들이 있다. 이는 문장 성분을 단순히 문장 내에서의 위치에만 근거할 수 있는 것이 아니라 다른 단어구와의 상관 관계 속에서 찾아야 하며, 그 관계는 통사적, 의미적으로 복잡하게 얽혀 있음을 말해준다.

그러므로 무엇이 주어이고 어떤 단어가 술어인지, 목적어인지를 찾아내는 것보다 더 중요한 것은 주어와 술어의 의미관계, 목적어와 술어의 의미관계이다. 술어 뒤에 위치한다고 해서 모든 목적어가 동작의 대상으로만 역할하는 것이 아니므로 그 내용을 잘 살펴 중국어의 특징을 이해하는 것이 중요하다.

문장을 구성하는 모든 성분들이 문장의 의미를 구현하는데 기여를 하기는 하지만 가장 중심적인 내용을 나타내는 것은 아무래도 술어이다. 문장의 의미와 문법적 구조를 형성하는 데 술어가 가장 많은 정보를 제공하므로 우리는 술어를 중심으로 문장이 어떻게 구성되는지 살펴보도록 하자.

술어

앞서 주어는 진술의 대상이며, 술어는 주어에 대해 진술 혹은 설명하는 성분이라고 정의하였다. 이는 발화 내용의 중심이 술어에 있다고 바꾸어 말해도 좋은데, 술어가 나타내고자 하는 내용에 따라 문장의 나머지 성분이 결정되는 경우가 많기 때문이다. 앞서 문장을 분해하는 연습을 할 때 가장 먼저 주어부와 술부로 나누었으며 이 때 술부는 술어를 중심으로 부사어, 보어, 목적어가 구성하고 있음을 알았다. 이에 우리는 문장을 분석하고 구성하면서 술어를 중심에 두고 살펴보기로 한다.

중국어의 술어는 주로 동사나 동사구, 형용사나 형용사구가 담당하지만 때로 명사, 명사구가 술어가 되기도 한다.

- 동사(구), 형용사(구)가 술어 역할을 하는 경우

> 老师教, 学生学。
> 선생님은 가르치고 학생은 배운다.
>
> 那个故事可笑。
> 그 얘기는 웃긴다.

- 명사, 수사, 대명사가 주로 시간, 날씨, 국적, 특징 등 말할 때 술어 역할을 한다.

> 明天新年。
> 내일이 새해야.
>
> 他三十。

그는 서른 살입니다.

• 주술 구조를 가진 문장이 술어가 되기도 한다.

    a. 她眼睛很大。
       그녀는 눈이 크다.

    b. 鞋子他丢了一只。
       신발은 그가 한 짝을 잃어버렸어.

그런데 이 구조의 문장은 다른 방식의 접근도 가능하며, 실제로 여러 가지 분석과 해석이 있기도 하다.

    a'. 她　眼睛很大。
       주어　술어

    a''. 她(的)眼睛　很大。
         주어　　술어

위의 성분 표시에서 알 수 있듯이 a) 문장을 술어가 주술 구조인 문장으로 이해하지 않는 다른 입장은 '她'와 '眼睛' 사이에 소유격 조사 '的'가 생략된 형태로 보아 '她眼睛'을 주어로 보는 견해이다.

    b'. 鞋子　他丢了一只。
       주어　　술어

    b''. 他丢了一只鞋子。
     → 鞋子　　他丢了一只。
      (도치된) 목적어　술어

b'')의 문장 성분 분석은 술어 뒤의 목적어 중 수량사의 수식을 받는 명사성 성분만 문두로 이동한 것이므로 '鞋子'를 문두로 이동한 목적어로 설명하는 것이다. 반면 a')와 b')는 문두의 '她'와 '鞋子'가 전체 문장의 화제(혹은 주제)로 '眼睛'이나 '一只'와 독립된 성분으로 보고 있으며, a'), b') 분석과 a''), b'') 분석의 차이는 문두에 위치한 성분이 문장의 화제임을 인정하느냐 하지 않느냐에 있다고 할 수 있다. 이러한 특징은 한국어에도 있는 것으로 한국어와 중국어를 주제 부각형 언어로 설명하는 이유가 되기도 한다. 이는 영어와 비교해보면 그 특징이 더욱 뚜렷해진다.

그녀는 눈이 아주 크다.
→ She has big eyes.

그녀의 눈이 아주 크다.
→ Her eyes are very big.

그는 신발 한 짝을 잃어버렸다.
→ He lost a shoe.

신발은 그가 한 짝을 잃어버렸다
→ He lost one of his shoes.

이 중 어느 분석이 정확한 것인지, 혹은 옳은 것인지에 대한 판단은 우선 유보해두기로 하고, 우리는 왜 이렇게 분석할 수 있는지에 대해서만 이해하도록 하자.

1. 술어로 활용되는 대표적인 품사 - 동사에 대하여

우리의 하루는 수많은 동작들로 채워진다. 아침에 일어나서 기지개를 켜고 시계를 보고 세수를 하고 아침을 먹고 옷을 갈아입고 양말을 신고 가방을 챙기고 신발을 신고 현관문을 열고 정류장까지 걷고 버스를 타고 버스 요금을 내고 빈자리에 앉고 버스에서 내리고 교실까지 걸어가고 등굣길에 만난 친구와 인사를 하고 교실의 내 자리에 앉고 가방을 열고 책을 펼치고...., 나의 하루는 내가 인지하든 하지 못하든 상관없이 수많은 동작들로 이루어진다.

이런 동작들을 나타내는 품사가 바로 '동사'이며, 문장은 이 동사가 요구하는 기본 정보, 즉 누가 이 동작을 했으며 이 동작이 미치는 대상은 누구인 지에 따라 주어가, 그리고 목적어가 결합한다.

예를 들면, 동사 '보다'가 하나의 완전한 정보를 형성하기 위해서는 '누가', '무엇을'에 대한 정보를 함께 제공해주어야 하며, 동사 '주다'는 '누가', '무엇을', '누구에게'를 필수 요소로 가진다. 그러므로 술어로 활용될 수 있는 여러 품사 중 대표적인 품사로 동사를 꼽을 수 있다.

우선 이 동사의 성질에 대해서 살펴봄으로써 술어를 향한 첫 번째 탐구를 시작하도록 하자.

동사는 동작, 즉 움직임을 나타내는 낱말이다. 이때 동작은 사람이나 동물의 신체적 움직임뿐 아니라 사람의 심리적인 움직임도 포함하여 그 의미 범위가 비교적 넓다. 우선 우리는 중국어 동사를 여러 기준에 따라 나누고 정리하면서 그 개념과 특징을 익혀보도록 하자. 이때 그 특징들이 어떠한 문법으로 실현되는지, 어떤 요소들과 결합할 수 있는지에 대해 유의하면서 살펴보기를 바란다.

동사를 여러 기준에 따라 분류하는 것은 단지 낱말들을 이리 저리 모아 보는데 의미가 있는 것이 아니다. 어떤 기준에 따라 분류된 동사들은 다른 낱말과 문장을 형성할 때 대체로 동일한 통사적 제약을 받는데, 이러한 제약들이 동사라는 낱말들의 성질을 비교적 쉽게 파악할 수 있게 해준다.

1) 의미에 따른 분류

- 동작동사 - 구체적인 동작이나 행위를 표시하는 동사로 가장 전형적인 동사에 속한다.

    说　看　碰　打

- 존현동사 - 어디에 무언가가 존재하고 있음을 나타내거나, 변화를 표시하는 동사를 말한다.

    존재 표시 - 有　在　存在
    변화 표시 - 发生　出现　扩大

- 관계동사 - 주어와 목적어 간의 관계나 그에 대한 판단을 표시하는 동사이다.

    是　像　等于　属于　成为

- 심리동사 - 심리적 활동을 표시하는 동사를 말한다.

    想　爱　希望　同情

- 사역동사 - 목적어로 하여금 어떤 동작을 하게 하거나 어떤 상황에 이르게 하기 위해 명령하거나 사역을 표시하는 동사를 말한다.

    使　叫　让　请

- 조동사 - 동사이기는 하지만 실제적인 의미를 가지지는 못하고 본동사의 보조적 의미 즉, 동작을 할 수 있는지, 해야 하는지, 하고 싶은지

그 가능, 당위, 의지 등을 표시하는 동사를 말한다.

会　能　要　得　应该

- 방향동사 - 화자의 기준에 따라 동작이 어느 방향으로 이루어지는 지를 표시하는 동사이다.

来　去　上　下

2) 목적어에 따른 분류

동사가 목적어를 가지느냐 가지지 않느냐에 따른 분류이다. 목적어를 가지지 않는 동사를 우리는 자동사(自動詞)라고 하고, 목적어를 가지는 동사를 타동사(他動詞)라고 한다. 중국어는 하나의 동사가 자동사로도 쓰이고 타동사로도 쓰이는 예가 많은데, 자동사로 쓰이는 경우와 타동사로 쓰이는 경우 대체로 그 의미가 달라진다.

笑了　　←… 자동사
웃었다.

笑他　　←… 타동사
그를 비웃다.

死了　　←… 자동사
죽었다.

死了这份心　←… 타동사
이런 생각을 단념했다.

- 자동사

자동사(自動詞)는 움직임(動)이 주어 자신에게(自) 미치는 동사, 즉 동작이 주어 자신에게만 미칠 뿐 다른 대상에게 미치지 않는 동사를 말한다. 그래서 자동사가 요구하는 의미 정보에는 주어만 있을 뿐 목적어는 없다. 이때 목적어는 동작을 받는 대상을 의미한다.

    笑　活　病　躺　咳嗽　胜利

她病了。
    그녀가 아프다.

他躺着。
    그가 누워있다.

아프거나 눕는 동작은 주어에게만 영향을 미치는 동작이므로 다른 대상은 필요하지 않다. 그래서 자동사로 분류된다.

그런데 중국어에는 술어가 자동사인 문장에서도 동사 뒤에 어떤 성분이 나타나기도 한다. 동작을 받는 대상은 아닐지라도 이동 동사 뒤에 장소를 나타내는 낱말이 오거나, 존현문에서 동작의 주체가 되는 요소가 목적어 위치에 오기도 한다.

来北京。
    북경에 온다.

去学校。
    학교에 가다.

门口站着一个人。
    문 입구에 어떤 한 사람이 서 있다.

教室里坐着很多学生。
    교실에 많은 학생들이 앉아 있다.

통사적으로 목적어에 있지만 의미상 동작을 받는 대상이 아니므로 목적어의 범주에 넣지 않는 견해도 있다.

- 타동사

타동사(他動詞)는 움직임(動)이 다른 대상(他)에게 미치는 동사, 즉 동작을 하는 주어 외 그 동작이 미치는 대상으로 목적어가 있어야 하는 동사이다.

吃　看　打　送

小狗吃饭。
　　강아지가 밥을 먹는다.

孩子们看电视。
　　아이들이 티브이를 본다.

먹거나 보는 행위는 그 행위를 실행하게 될 주어뿐 아니라 먹히는 대상, 혹은 보이는 대상도 필요하다. 이때 먹히는 대상, 보이는 대상이 문장 내에서 목적어가 된다.

중국어의 타동사는 명사, 대명사, 혹은 명사구 외 동사나 형용사, 혹은 구나 절을 목적어로 가지기도 한다. 그런데 중국어는 동사가 명사로, 혹은 반대로 명사가 동사로 전환되어도 아무런 형태 변화를 겪지 않는다. 동사가 원래의 형태를 그대로 가지고 목적어 위치에 오기 때문에 동사를 목적어로 취한다고 표현할 따름이다. 반면 한국어는 품사가 전환되거나 문장 내에서 어떤 문장성분으로 활용될 때 형태 변화가 비교적 뚜렷하다.

我看书。

나는 책을 읽는다.

我不喜欢看书。
나는 책 읽는 것을 좋아하지 않는다.

중국어의 어떤 동사는 동사만을 목적어로 가지기도 하는데, 사실 명사든 동사든 이렇게 형태적 변화 없이 목적어로 활용될 수 있으므로 그 동사가 명사를 목적어로 취하는 동사인지 동사를 목적어로 취하는 동사인지 그 여부만을 구분하는 것은 큰 의미가 없다. 이보다는 동사(구)가 목적어로 올 때 동태조사 '了'를 동사 뒤에 쓸 수 없다는 사실을 아는 것이 더 중요하다.

赞成立刻出发 ← 동사 목적어
당장 출발하는 것에 찬성한다.

赞成他的意见 ← 명사 목적어
그의 의견에 찬성한다.

*我发现了同学们都回家了。
*我们已经决定了坐飞机去上海。

- 형식동사

명사를 목적어로 가지지만 명사적 성격이 있는 동사를 목적어로 가지기도 하는 동사를 형식동사라고 한다. 실제적으로는 분명한 의미를 가지고 있지 않기 때문에 한국어로 굳이 번역할 필요가 없는 경우가 많은데, '有', '作', '给予', '给以', '受到', '加以', '进行', '予以' 등이 대표적인 형식동사이다.

他加以研究 = 他研究

그는 연구한다

调查 ＝ 进行调查
　　조사를 진행하다
影响 ＝ 有影响
　　영향을 미치다

이 예시문의 '研究', '调查', '影响'처럼 형식동사와 결합하는 명사적 성격을 지닌 동사를 명동사라고 한다. 의미상 분명히 동사인데 특정한 환경 속에서 마치 명사처럼 활용하기 때문에 명동사라고 부른다. 이 낱말들은 일반 동사로도 쓰이고 명동사로도 쓰이며 이때 그 통사적 구조만 차이가 날 뿐 의미상의 차이는 크지 않다. 다만 주로 화제의 초점을 분명히 하고자 할 때 명동사로 쓰며, 이 때 명동사로 쓰인 경우 명사로만 기능하기 때문에 뒤에 다른 목적어를 또 가지지는 못한다.

*我们作了研究民俗音乐。
→ 我们研究了民俗音乐。
→ 对于民俗音乐，我们作了研究。
　　우리들은 민속 음악에 대해 연구했다.

*我们进行了讨论这个问题。
→ 我们讨论了这个问题。
→ 对于这个问题，我们进行了讨论。
　　이 문제에 대해 우리들은 토론했다.

- 이중 목적어를 취할 수 있는 동사

두 개의 목적어를 가지는 동사를 말하는데 하나의 직접 목적어('~을'과 결합하는)와 하나의 간접 목적어('~에게'와 결합하는)를 가진다. 이중 목적어를 취하는 동사 중 누구에게 무엇을 주다라는 행위를 나타내는 동사, 즉 수여 동사가 가장 대표적이며, 반대로 누구에게 무엇을 받다라는 행위를 나타내는 취득 동사도 이에 속한다. 그 외 누구에게 무엇을 말한다는 의미의 언어활동 동사도 이중 목적어를 가진다.

    수여 동사 - 给　送　交　卖　寄
    취득 동사 – 收　买　抢
    언어 동사 - 问　劝　告诉　回答　报告　答应

3) 동사의 동작 시간에 따른 분류

  신체를 이용한 대부분의 동작은 어느 정도의 시간을 필요로 한다. 무엇을 먹는 행위도 음식을 집어 들고 입에 넣어 씹고 삼키는 데까지 시간이 필요하며, 자는 행위, 보는 행위, 공부하는 행위도 모두 마찬가지이다. 그런데 어떤 동작은 시간의 개념이 개입하지 못한 채, 순간적으로 동작이 일어나기도 한다. 이런 시간의 개념을 기준으로 동사를 분류할 수 있는데, 이때 유의할 점은 이러한 기준으로 나누어진 동사들이 어떠한 통사적 구조로 연결되는지 그 고리를 잘 살피는 것이다.

• 시간의 개념이 개입되지 못하는 동사

  구체적인 동작이나 행위가 아닌, 존재를 나타내는 동사, 즉 정태동사가 여기에 속한다. '~이다', '~로 여기다', '닮다'와 같은 동사이다. 이 정태동사는 구체적인 동작 행위를 나타내는 것이 아니기 때문에 동작이 진행되는 시간의 개념이 개입될 수가 없다. 따라서 이러한 동사는 동작의 진행이나 동작이 진행된 시간의 양을 의미하는 다른 성분과 함께 쓰일 수 없다. 즉, '~ 중이다', '~ 동안' 등의 의미를 나타내는 낱말이나 구와 함께 쓰일 수 없으므로, 이러한 동사로 중국어 문장을 만들때에도 진행을 나타내는 부사어, 동작이 진행되는 시간의 양을 나타내는 시량 보어가 올 수 없다.

是　有　姓　像　仿佛　等于　当作　不如

*我有一个月中文书。

*他像他爸爸十年。

*她正在是老师。

- 동작을 진행하기 위해 어느 정도의 시간이 필요한 동사

어느 정도의 시간이 지속되어야 동작이 이루어진다는 뜻에서 지속성 동사라고 한다. '먹다', '보다', '걷다', '생각하다'와 같은 동사는 십 분 동안, 한 시간 동안, 이틀 동안 혹은 그 이상의 시간 동안 계속해서 진행할 수 있다. 따라서 이 지속성 동사는 동작이 진행되고 있음을 나타내는 부사를 앞에 둘 수도 있고, 동작의 완성을 나타내는 조사를 동사 뒤에 쓸 수도 있고, 동작이 진행되는 시간의 양을 나타내는 시량 보어도 함께 쓸 수도 있다.

站　坐　哭　笑　看　走　商量　广播　担心

她哭了一个小时。
　　그녀는 한 시간 동안 울었다.

我正在看电影。
　　나는 지금 영화를 보고 있다.(/보고 있는 중이다)

我们已经商量好了。
　　우리들은 이미 의논을 했다.

- 동작이 순간적으로 완성되는 동사

동작이 아주 빠른 시간 내에 순간적으로 마무리되는 동사, 즉 비지속성 동사를 말한다. '잃어버리다', '죽다', '태어나다'와 같은 동사는 비록 동

작을 나타내기는 하지만 열 시간 동안 잃어버리는 동작을 지속할 수는 없고, 한 달 동안 죽는 동작을 지속할 수도, 일주일 동안 태어나는 동작을 지속할 수도 없다. 물론 이미 잃어버린 상태, 이미 죽은 상태는 열 시간, 한 달 동안 지속될 수 있다. 동작의 지속과 상태의 지속은 다른 개념임을 유의해야 한다.

이러한 동작들은 순간적으로 마무리되기 때문에 동작의 진행을 나타내는 부사와 함께 쓰일 수 없으며, 시간의 양을 나타내는 시량보어와도 함께 쓰일 수 없다. 그러나 만일 이 비지속 동사가 시량보어와 함께 쓰였다면 그것은 동작이 진행된 시간의 양을 말하는 것이 아니라 동작이 실현된 후 지나간 시간의 양을 나타내는 것이다. 따라서 동사 뒤에 '了'나 시량보어는 올 수 있지만 동작의 지속을 나타내는 '着'는 올 수 없다. 일반적으로 동사 뒤에 동태조사 '了'가 오고 시량보어 뒤에도 어조조사 '了'가 함께 쓰여 경과된 시간을 표시한다.

生(태어나다)　死　丢　灭　明白　爆炸　成立

等了一年。
　1년 동안 기다렸다. — 지금은 어떤지 모른다.

等了一年了。
　기다리기 시작한 지 1년째이다. — 지금도 기다린다.

病了一个月。
　1달 동안 아팠다. — 지금은 어떤지 모른다.

病了一个月了。
　아프기 시작한 지 1달째이다. — 지금도 아프다.

*生了三十分钟。
　*30분 동안 태어났다.

→ 生了三十分钟了。
　태어난 지 30분이 되었다.

*死了三年。
　　*3년 동안 죽었다.

→ 死了三年了。
　　올해로 죽은 지 3년이 된다.

*丢了一个小时。
　　한 시간 동안 잃어버렸다.

→ 丢了一个小时了。
　　잃어버린 지 한 시간이 되었다.

　'기다리다', '아프다'와 같은 낱말은 동작을 어느 시간 동안 계속해서 진행할 수 있다. 한 시간 동안 기다릴 수 있고, 한 달 동안 아플 수도 있다. 하지만 '죽다', '태어나다', '잃어버리다'와 같은 동작은 한 시간, 두 시간, 하루, 한 달 동안 계속 진행할 수 있는 동작들이 아니다. 모두 순간적으로 일어나는 동작이므로 이러한 동사와 함께 시량보어가 쓰인다면 죽고 난 후 얼마의 시간, 잃어버리고 난 후 얼마의 시간이 흘렀다는 의미를 나타내게 된다. 이때 문장 끝에 조사 '了'를 써서 그 시간이 현재까지 이어오고 있음을 알려준다. '了'의 이러한 용법에 대해서는 조사 부분에서 다시 살펴보도록 하자.

　동사를 여러 기준에 따라 나누어 그 특징을 살펴보면 동사의 어떠한 의미 특성이 어떠한 통사적 구조를 만들어 내는 데 어떻게 기여하는지 알 수 있다. 문법은 이처럼 외워야 할 규칙 이전에 하나의 논리적 고리로 연결되어 있는 것이다. 이제 위에서 살펴본 내용들을 참고하여 동사의 문법적 특징이 무엇인지 살펴보도록 하자.

4) 동사의 문법적 특징

(1) 중국어의 일부 이음절 동사는 '동사+목적어'의 구조로 이루어져 있

으며 이들 중 일부는 동사와 목적어가 분리된다. 이러한 특징은 다른 언어에는 없는 것이므로 유의해서 살펴볼 필요가 있다.

　이음절로 이루어진 중국어 동사들을 분석하면 그 의미가 '동사+목적어' 형식으로 이루어진 것들이 있다. 이렇게 만들어진 동사는 하나의 낱말이지만, 다른 성분과 결합하면 마치 단어구처럼 동사와 목적어가 서로 분리되기도 한다. 이러한 동사들은 떨어져서 활용되기도 하고 합성되어 활용되기도 하므로 '이합사(離合詞)'라고 한다.

　　　　生病　　见面　　住手　　打仗　　散步　　聊天

　이 이합사는 일음절 위주의 고대 중국어가 현대로 넘어오면서 입말언어의 발달과 더불어 복음절화되어 가는 과정 중에 많이 만들어진 것이다. 현대 중국어 사전에 제시된 이합사들을 정리하여 분석하여 보면 3620여 개의 이합사 중 94%에 해당하는 3420여 개의 이합사가 술어-목적어 구조를 형성하고 있다고 한다. 동사는(그 중 타동사는) 다른 문장 성분보다 목적어와 밀접하게 연결되므로 복음절화 과정 중에 목적어와 쌍을 이루어 변화하는 것이 언어 사용자의 입장에서 가장 수월하기 때문으로 추측할 수 있다. 이 이합사들은 일반 동사와 몇 가지 차이점을 가진다.

　이합사는 낱말 자체에 목적어가 있기 때문에 뒤에 다른 목적어가 올 수 없다. 만일 다른 목적어가 온다면 하나의 동사가 두 개의 직접 목적어를 가지는 셈이 되기 때문이다. 중국어 동사 뒤에 두 개의 목적어가 오는 경우는 그 목적어 중 하나가 간접 목적어인 경우뿐이다. 동사 뒤에 두 개, 혹은 두 개 이상의 직접 목적어가 오는 예는 없다.

　　　　放心　→　放了心　　见面　→　见了面　　握手　→　握你的手

*见面老师 → 跟老师见面

*毕业大学 → 大学毕业

이 이합사들은 뒤에 보어를 둘 때도 일반적인 동사구와 같은 형식으로 분리된다.

理一次发　睡一大觉　←동사 + 수량보어 + 목적어
抽烟抽了十年。　←동사 + 목적어 + 동사 + 수량보어
帮完忙　理完发　←동사 + 결과보어 + 목적어
游泳游得很快。　←동사 + 목적어 + 동사 + 정도보어
毕不了业　带得了头　←동사 + 가능보어 + 목적어

그러나 원래는 이합사였으나 관용적으로 분리되지 않는 동사도 있다. 여기에 속하는 동사들은 대체로 사용빈도수가 높아 이미 하나의 단어처럼 굳어진 것이라고 보아도 무방하다.

放心了这件事。
　이 일에 대해 안심했다.

注意那些人。
　그 사람들에 대해 주의해라.

留学海外。
　해외에서 유학하다.

(2) 중국어의 동사는 두 번 중첩함으로써 나타낼 수 있는 문법적 의미가 있다. 물론 동사를 두 번 반복하는 것 자체는 중국어만의 특징이 아니다.

Go, go!
가자, 가자!

그러나 중국어의 동사 중첩 형태는 단순히 강조를 위해서 두 번 반복하는 것과는 달리 일정한 문법적 의미를 가진다.

주로 '잠시 ~~하다'와 '한번 ~해보다'라는 의미를 나타내며, 단순히 어조를 가볍게 하는 역할도 한다.

你在这里等等我, 我马上就来。
너 여기서 잠시만 기다려줘, 나 금방 올게.

不信的话, 你自己去看看。
못 믿겠으면 네가 직접 가서 한 번 봐.

没事的时候, 到外面走走, 吸吸新鲜空气。
일이 없을 때는 바깥에 나가 걸어도 보고 신선한 공기도 마시고 하렴.

그러나 모든 동사가 중첩할 수 있는 것은 아니다. 앞서 동사를 중첩함으로써 '잠시', 혹은 한 번 해본다는 '시도'의 의미를 나타낸다고 하였다. 그렇다면 동사가 이런 시간의 개념이나 시도의 개념이 개입될 수 없는 의미를 나타낸다면, 혹은 반대로 시간의 개념이나 시도의 개념을 나타내는 다른 성분이 문장 안에 이미 있다면 그 문장의 동사는 중첩할 수 없다는 것을 유추할 수 있다.

• 심리 활동 동사, 비의지 동사 등은 중첩할 수 없다.

*病了病   *忘一忘   *失望失望

동작을 나타내는 동사라고 해도 위의 예처럼 사람의 의지로 지배할 수 없는 동사, 심리동사, 자연현상을 나타내는 동사는 중첩할 수 없다. 왜냐하면 살펴보았듯이 동사의 중첩은 동작 주체자가 의도를 가지고 '잠시', '한번 해보는' 동작을 의미하기 때문이다. 그러나 일부 심리 동사는 제한적으로 중첩할 수 있다.

想一想　　←⋯ 시도성
생각해 보아라.

- 결과보어를 가진 동사도 중첩할 수 없다. 결과보어는 동사가 실현된 결과, 혹은 실현될 것이 예상되는 결과를 나타내므로 '한번 해 보겠다'는 시도의 의미에 어긋나기 때문이다.

*说说清楚 → 说清楚

*讲讲明白 → 讲明白

- 동량보어나 시량보어가 있는 문장에서도 동사를 중첩할 수 없다. 동량사나 시량사는 이미 진행된 혹은 진행될 동사의 회수나 양을 나타내기 때문에 '잠시'라는 시간, '한번 해 보겠다' 동작의 횟수와 그 의미가 상충하기 때문이다.

*等等我一个小时
→ 等等我。
　　잠시만 기다려줘.
→ 等我一个小时。
　　한 시간만 기다려줘.

'等等'의 중첩 형식이 나타내는 '잠시'와 '한 시간'은 그 시간적 길이가 반드시 같지만은 않을 것이다.

이는 아래 동량보어 구문도 마찬가지이다.

  *用用三次你的电话。
  → 用用你的电话。
    네 전화 좀 쓰자.
  → 用一下你的电话。
    네 전화 세 번만 쓰자.

- 진행의 의미를 나타내는 부사어를 동반하거나, 여러 동작이 동시에 진행됨을 나타낸다면 그 동사는 중첩할 수 없다. '잠시'라는 시간의 개념에 위배되기 때문이다.

  *他一直想一想。

'一直'의 시간 개념은 '잠시'의 시간 개념과 상충하므로 한 문장 내에서 같이 사용할 수 없다.

  *他们正在复习复习语法。

'正在'는 동작이 진행되는 중임을 나타내기 때문에 시량의 개념인 '잠시'와 병행될 수 없다. 간혹 이 문장을 두고 '잠시 문법을 복습하고 있는 중이다'라고 해석하여 문법적으로 허용된다고 생각할 수 있으나 이 문장의 '잠시'는 동사 중첩으로 나타나는 문법적 의미일뿐, 한국어 부사 잠시와 같은 개념이 아님을 명심할 필요가 있다.

- 두 개의 동사를 연이어 쓰는 연동문의 첫 번째 동사는 중첩할 수 없다. 왜냐하면 연동문의 첫 번째 동사는 두 번째 동사를 수식하는 구조로 두 번째 동사가 화자가 말하고자 하는 주요 내용을 나타낸다고 할 수 있다. 이는 겸어문에서도 마찬가지인데, 겸어 앞에 쓰인 사역동사는 문장 전체의 중심 의미를 나타내지 못하고 있으며 주요 동작을 나타내는 의미 중심은 두 번째 동사에 있다. 동사 중첩은 주요 동작을 나타내는 동사를 중첩한다.

*他来来我家看妈妈。
→ 他来我家看看妈妈。
　　그는 우리 집에 엄마를 좀 보러 왔다.

*他拿拿铅笔练习汉字。
→ 他拿铅笔练习练习汉字。
　　그는 연필을 들고 한자를 좀 연습했다.

*他请请朋友吃饭。

*他让让我回去。

- 목적어가 비한정적이거나 불특정한 대상을 나타낸다면 그 동사는 중첩할 수 없다. 중첩은 화자가 의도를 가지고 하는 동작에 대해 구체적으로 진술하는 것이므로 목적어가 뚜렷한 대상이어야 한다.

*看看几个朋友。
→ 看看那三个朋友。
　　친구 세 명을 좀 만나다.

이 문장을 한국어로 '친구 몇 명을 잠시 만나다'로 옮길 수 있다고 해서 중국어 문장에서도 불특정한 목적어를 가질 수 있다고 생각해서는 안 된다. 중국어에서 동사 중첩 형식의 목적어는 구체적이고 특정한 대상이어야 한다.

*我们要讨论讨论一个问题。
→ 我们要把这个问题讨论讨论。
　　우리는 이 문제에 대해 토론을 좀 하고자 한다.

(3) 다른 동사 앞에서 그 동사를 도와주는 동사들, 즉 '能', '会', '得'와 같은 조동사들은 동사의 범주에 속하지만 일반 동사와는 다른 특징을 가진다. 이들은 구체적인 동작의 의미를 나타내는 것이 아니고 뒤에 오는 동사에 대한 보조적 의미만을 가지므로 그 기능이나 특징 또한 달라진다.

• 구체적인 동작 내용을 나타내지 못하므로 중첩되지 못한다. 다만 다른 두 개의 조동사를 병렬할 수는 있다.

　　应该要　　应当可以

• 이들은 구체적인 동작을 나타내는 것이 아니라 다른 동사의 의미를 도와주는 역할을 하기 때문에 '了', '着', '过'의 동태조사를 붙일 수 없다.

　　*应该过　　*会着

동사의 어떤 특징이 어떠한 문법 현상으로 도출되는지, 어떠한 문장 구조를 구성해내는지 그 연결 고리의 맥락을 읽어낼 수 있기 바란다.

2. 술어로 활용되는 대표적인 두 번째 품사 - 형용사에 대하여

형용사는 '오늘 하늘이 참 높다'에서 '높다', '여름은 덥다'에서 '덥다' 처럼 대상의 성질(혹은 속성)이나 상태를 나타내는 낱말들이다. 형용사가 문장 내에서 성질이나 속성을 나타내느냐 아니면 상태를 나타내느냐를 판단할 수 있어야 하는데, 이에 따라 요구하는 문법적 내용이 달라지기 때문이다.

앞서 동사의 내용을 살펴볼 때처럼 형용사도 그 기준이 무엇인지, 그 특징이 무엇인지에 집중하면서 분류해보자.

1) 성질을 나타내느냐, 상태를 나타내느냐에 따른 분류

'성질'이라고 하는 것은 '동그랗다', '작다', '빨갛다'와 같이 어떤 사람이나 사물이 가지고 있는 객관적 속성을 말하고, '상태'란 어떤 사람이나 사물에 대해 말하는 사람이 주관적으로 묘사하는 모습을 말한다.

겨울은 춥고, 여름은 덥다라는 것은 누구나 보편적으로 인정하는 겨울과 여름의 속성으로 여기서 '춥다', '덥다'는 겨울과 여름의 성질을 나타내는 형용사이다. 그런데 올 여름은 너무 더웠다라든지, 올 겨울은 좀 따뜻한 편이었다라고 말한다면 이것은 올 여름에 대한, 혹은 올 겨울에 대한 화자의 주관적인 판단이 된다. 이것은 여름과 겨울에 대한 속성이 아니라 올 여름과 올 겨울의 상태를 주관적으로 설명하는 것이다. 성질을 나타내는지, 상태를 나타내는지에 대한 구분이 필요한 이유는 성질을 나타내는 문장의 형용사 활용과 상태를 나타내는 문장의 형용사 활용이 문법적으로 다르기 때문이다. 상태를 나타내는 문장의 경우 성질을 나타내는 문장과 달리 형용사를 수식하는 요소 즉, '너무', '좀' 등의 단어가 같이 쓰여 화자의 주관적 판단을 드러내는데, 이는 중국어도 마찬가지이다. 성질을

나타내느냐 상태를 나타내느냐에 따라 문장 속에서 요구하는 통사 구조가 달라진다는 것은 이러한 예를 두고 하는 말이다.

- 성질형용사

단순히 사물의 속성만 나타내는 형용사이다. 사물의 속성은 누구나 동일하게 여기는, 객관적인 판단이므로 다른 수식어 없이 대체로 단일어의 구조로 쓰이는 경우가 많다.

大　　小　　干净　　规矩　　聪明

- 상태형용사

사람이나 사물의 상태에 대해 말하는 사람의 의견을 나타내는 형용사로써, 원래 상태만을 나타내는 형용사도 있고, 성질형용사가 상태를 나타내는 형용사로 만들어진 것도 있다. 화자의 주관적 판단이 개입되기 때문에 그러한 판단을 나타낼 수 있는 부분이 낱말의 구조에도 영향을 미친다. 상태 형용사의 구성 방식은 비교적 다양한데 그에 따라 다시 아래와 같이 나눌 수 있다.

어떤 상태형용사는 수식구조의 이음절로 이루어져 있다. 즉, 어느 하나가 다른 어느 하나를 꾸며준다는 것인데 이러한 구조 자체가 이미 일종의 주관적 판단을 허용하고 있다.

喷香　　粉碎　　稀烂　　精光　　过高　　过低

冰凉
차다 → 마치 얼음처럼 차다

通红
　　붉다 → 통째로(온통) 붉다

　성질형용사의 중첩형태도 상태 형용사에 속한다. 왜냐하면 형용사의 중첩은 의미를 강조하는 역할을 하므로 중첩을 하는 순간 이미 화자의 주관이 개입되기 때문이다.

　　好好儿的　干干净净的

　접미사가 붙은 형용사도 상태 형용사에 속한다. 접미사가 붙지 않아도 의미는 전달되지만, 접미사를 붙임으로써 화자가 판단하는 정도를 전달하기 때문이다.

　　ABB 식 - 黑乎乎　绿油油　慢腾腾　硬邦邦
　　A里BC 식 - 脏里呱唧　糊里糊涂
　　A不BC 식 - 灰不溜秋　白不呲咧
　　접미사를 가진 이음절 형용사 - 可怜巴巴　老实巴焦

• 성질형용사와 상태형용사의 차이

　성질 형용사와 상태 형용사의 차이에 대해 조금만 더 깊이 들어가 보도록 하자. 이 둘의 차이를 설명하는 과정 중에 형용사의 속성에 대해 좀 더 이해할 수 있다.

　성질형용사는 단순히 사물의 속성만을 객관적으로 나타내는 데 반해, 상태형용사는 대상을 주관적으로 묘사한다. 따라서 성질형용사는 사람이나 사물의 속성만을 대비적으로 단정하는 경우를 제외하고는, 일반적으로 단독으로 술어가 될 수 없다. 성질형용사는 객관적 속성을 설명하는 문장에서 주로 쓰이며, 대부분 정도부사의 수식을 받거나 중첩됨으로써 상태형용사로 변하고, 이 상태형용사의 형식으로 문장 내에서 활용된다.

  这个好, 那个不好。 ←⋯ 성질형용사
   이건 좋은 데 그건 안 좋아.

  这儿冷, 那儿热。 ←⋯ 성질형용사
   여기는 추운데 거기는 더워.

  这个很不好。 ←⋯ 상태 형용사
   이건 너무 안 좋은데.

  这里太冷。 ←⋯ 상태 형용사
   여기는 너무 추워.

그러므로 형용사가 중첩되거나 접미사와 결합하고 있다면 이는 상태 형용사이다. 이들은 중첩이나 접미사의 형식을 통해 정도를 강조하거나, 상태를 묘사하고 있기 때문에, 다른 형식의 수식은 받을 수 없고 보어도 가질 수 없다. 중국어는 비교적 경제성이 강한 언어로, 같은 문법 기능을 가진 형식을 하나 이상 쓰지 않는 경향이 있다. 따라서 이미 정도를 강조하는 한 가지 문법 형식을 사용하였다면 또 하나의 다른 문법 형식을 가져와 다시 정도를 강조하지 않는다.

  *这件衣服很干干净净。
  ↳ *这件衣服干干净净得很。
  → 这件衣服很干净。
  → 这件衣服干净得很。
   이 옷은 아주 깨끗하다.

2) 형용사가 술어로 활용될 수 있느냐 없느냐에 따른 분류

형용사의 가장 기본적인 기능은 술어가 되거나 관형어가 되는 것이다. 하지만 중국어에는 술어가 될 수 없는 형용사도 있고, 관형어가 될 수 없는 형용사가 있다.

• 술어형용사

대부분의 형용사는 술어로 쓰일 수 있고 동시에 관형어로 쓰일 수 있다. 이런 형용사를 술어 형용사라고 한다.

好　坏　快　清楚　明白

这个东西很好。
　　이 물건은 참 좋다.

很坏的东西
　　참 나쁜 물건

• 비술어형용사

중국어의 형용사는 대부분 직접 술어가 될 수 있지만, 술어가 될 수 없는 형용사가 일부 있는데, 이들을 '비(非)술어형용사'라고 한다. 술어로 쓰일 수는 없으나 관형어의 역할은 할 수 있으므로 명사와 흡사하여 명사로 분류하기도 하지만, 명사와는 달리 홀로 독립적으로 쓰이지 못한다. 대부분 상대되는 개념으로 서로 구별 짓는 의미를 가지고 있기 때문에 '구별사(區別詞)'라고 부르기도 한다.

이 비술어 형용사는 다른 부사·수량사·형용사 등의 수식을 받을 수 없

고, 술어 외 보어, 부사어로도 활용되지 못한다.

> 男学生　大型歌剧　个别问题
> *这件衣服很新式。
> *这项工作很主要。

이러한 분류 기준에 따른 각 형용사들의 특징은 형용사 전체의 문법적 특징과 긴밀하게 관련된다. 이 분류와 기준의 특징들을 염두에 두고 형용사의 문법적 특징을 살펴보도록 하자.

3) 형용사의 문법적 특징

(1) 정도부사의 수식을 받는다.

형용사는 정도부사의 수식을 받아 대상의 상태를 나타낼 수 있다. 그러나 모든 형용사가 정도부사의 수식을 받을 수 있는 것은 아니다. 성질형용사는 정도부사 '很', '非常', '十分' 등의 수식을 받을 수 있지만, 수식구조나 중첩형태, 혹은 접미사를 가진 상태형용사는 이미 상태를 묘사하고 있으므로 정도부사의 수식을 받을 수 없다. 일반적으로 성질형용사를 술어로 쓸 때 정도부사 '很'의 수식을 받아야 하며, 그렇지 않으면 속성을 단정하는 대조나 비교의 의미를 지니게 된다.

> 这个苹果好吃。(那个苹果不好吃。)
> → 이 사과는 맛있다.(저 사과는 맛없다)
>
> 这个苹果很好吃。
> → 이 사과가 참 맛있다.

*很雪白　　*很漆黑　　*很鲜红　　*很冰凉

*很好好儿　　*很热乎乎　　*很干干净净

그 외 의미상 정도의 차별이 없는 절대형용사와 수량을 나타내는 형용사, 비술어 형용사도 정도부사의 수식을 받을 수 없다.

*很真　　*很假　　*很绝对　　*很唯一

*很许多　　*很全部　　*很好些

*很初级　　*很主要

(2) 형용사는 술어로 쓰여도 목적어를 가질 수 없다.

형용사는 술어로 쓸 수 있지만 그것은 어디까지나 주어에 대한 묘사이며, 목적어는 동사의 동작과 관련된 것이므로 형용사는 근본적으로 목적어를 가질 수 없다.

*请你干净房间。
→ 请你打扫房间。
　　방 청소 하세요.

*他友好我。
→ 他对我很友好。
　　그는 나에게 아주 잘해준다.

그런데 일부 성질형용사는 동사적 성격을 가지고 있어 동태조사나 목적어를 가지기도 한다. 이때 동태조사나 목적어를 가졌다는 것은 이미 동사로 쓰였다는 것이므로 형용사의 특징은 버리게 된다. 다시 말해, 동사적 의미로 활용되었으므로 정도부사의 수식을 받을 수 없다는 것이다.

   今天我很委屈。   ← 형용사
    나 오늘 너무 위축되어 있어.

   今天你委屈了我。 ← 동사
    오늘 너 나를 섭섭하게 했어.

   *今天你很委屈了我。 ← 정도부사와 조사 '了'가 같이 쓰임

   这次的措施很方便。 ← 형용사
    이번 조치는 너무 편리해.

   这次的措施方便了我们的学校生活。 ← 동사
    이번 조치는 우리들의 학교 생활을 편리하게 해주었다.

   *这次的措施很方便了我们的学校生活。
         ← 정도부사와 조사 '了'가 동시에 쓰임

(3) 형용사는 중첩할 수 있다.

 형용사도 동사와 마찬가지로 중첩할 수 있지만 그 의미는 다르다. 형용사는 중첩을 통해 정도가 심화됨을 강조하거나 화자의 주관적 느낌을 강조한다.

   她的眼睛大大的。
    그녀의 눈이 참 크구나.

   把汉字写得清清楚楚的。
    한자를 아주 분명하게 쓴다.

   玩得痛痛快快的。
    아주 통쾌하게 놀았다.

술어로 가장 많이 활용되는 두 개의 품사인 동사와 형용사에 대해 살펴보았다. 이제 술어가 다른 문장 성분과 결합할 때 그 구조는 어떻게 이루어지는지 살펴보도록 하자.

술어와 목적어

중국어의 목적어는 술어 뒤에 위치한다. 가장 일반적인 목적어는 타동사의 목적어로, 술어가 제시하는 의미의 정보를 완성하는 경향이 있다. 예를 들면 '보다'라는 동사는 보는 행위의 대상, 즉 무엇을 보는지에 대한 정보가 있어야 하나의 완전한 의미를 형성한다.

    a. 나는 지금 먹고 있는 중이야.
    b. 뭘?

만일 누군가 A와 같은 말을 한다면 청자 B는 위의 대화에서처럼 무엇을 먹는 지 질문할 수 있다. 이는 A의 문장에 정보가 다 제시되지 않았기 때문이다.

중국어의 목적어는 술어와 보다 더 다양한 의미 관계로 연결되는데, 행위의 결과 혹은 장소, 도구를 나타내기도 한다.

1) 술어와 목적어는 다양한 의미 관계로 연결된다.

- 술어와 목적어가 동작과 대상의 관계를 나타낸다. 목적어가 술어가 나타내는 동작이나 행위의 대상으로 가장 일반적인 관계라고 할 수 있다.

    她正在看印度电影。
      그녀는 인도 영화를 보고 있는 중이야.

    猫捉老鼠。

고양이가 쥐를 잡는다.

李老师写小说。
이선생님은 소설을 쓴다.

- 술어와 목적어가 동작과 장소의 관계를 나타낸다. 목적어가 술어 동작이 이루어지는 장소이다.

他住留学生宿舍。
그는 유학생 숙소에 살아요.

爸爸回工厂了。
아버지는 공장으로 돌아가셨어요.

- 술어와 목적어가 동작과 도구의 관계를 나타낸다. 목적어가 술어 동작에 필요한 도구이다.

我练毛笔, 你练钢笔。
나는 붓으로 연습할게, 너는 만년필로 연습해.

我喝小杯, 你喝大杯。
나는 작은 잔으로 마시고 넌 큰 잔으로 마셔라.

- 술어와 목적어가 동작과 동작 주체의 관계를 나타낸다. 목적어가 술어의 동작이나 행위의 주체를 나타낼 수도 있다. 이 경우 대개 존현문이거나 내용상 수용성 목적어의 성격을 지니는 경우이다. 한국어의 문장에서 이 성분들은 당연히 주어로 번역된다.

来了几个朋友。
　　친구 몇 명이 왔다.

这个房间可以住十个人。
　　이 방은 10명이 지낼 수 있다.

这锅饭可以吃五个人。
　　이 솥의 밥은 5명이 먹을 수 있다.

- 술어와 목적어가 사동의 의미 관계(~로 하여금 ~하게 한다)를 나타낸다. 이 때 술어는 목적어를 가지지 못하는 자동사나 형용사이다. 목적어를 가지지 못하는 자동사나 형용사가 목적어를 가지면서 동사적 성격을 띠게 되는데, 주로 사동의 의미를 나타낸다.

　　住人　→　让人住 (사람이 살도록 하다)
　　晒太阳　→　让太阳晒 (태양을 비추도록 하다)
　　红着脸　→　使脸红着 (얼굴을 붉히다)
　　苦了他　→　使他苦了 (그를 힘들게 하다)

이렇게 술어와 목적어의 의미 관계를 살펴보면 문장 내 의미나 위치에만 근거해서 문장 성분을 분석할 수 없다는 것을 알 수 있다. 비록 중국어가 어순으로 문장 성분을 규명하는 언어로 분류되기는 하지만, 살펴보았듯 문장 내 위치만으로 성분을 설명하기 어려운 예도 많다. 이에 대해서 중국어를 서양 문법으로 분석하고자 하면서 생기는 모순이라고 주장하며 중국어의 특징을 보다 잘 설명할 수 있는 다른 성분 분석 방법이 있어야 한다는 학자들도 많다. 우리는 새로운 분석 방법이 나오기를 기다리면서 문장 내 어떤 단어구의 문장 성분이 무엇인지를 찾아내기보다 각 단어구가 어떠한 의미 관계로 연결되어 있는지를 찾는 데 더욱 집중하기로 하자.

2) 목적어는 비한정적이다.

중국어의 목적어는 술어와 다양한 의미 관계를 가지는 것 외에 또 하나의 특징을 가진다. 그것은 바로 목적어의 비한정성이다. 중국어는 문두의 명사성 성분은 한정적이고, 문미로 갈수록 비한정적인 성격이 강해진다. 그러므로 목적어가 관형어 없이 단일 명사로 구성되어 있다면 그 목적어는 비한정적인 의미를 나타내는 것이다.

  书买来了。 ← 화자나 청자가 이미 알고 있는 책
  (우리가 찾던 그) 책은 사 왔어.

  我买书去。 ← 특정하지 않은 어떤 책
  책 사러 간다.

  客人来了。 ← 화자나 청자가 이미 알고 있는 손님
  (그) 손님 오셨어요.

  来客人了。 ← 특정하지 않은 어떤 손님
  손님 오셨어요.

명사가 비한정적이라는 것은 무슨 의미일까?
여기서 잠시 문법에서 자주 언급하는 한정성, 비한정성의 개념에 대해 알아보기로 하자.

한정성, 비한정성이라는 개념은 주로 명사성 성분의 성질을 설명할 때 자주 등장한다. 한정적인 성분이라는 것은 화자나 청자가 알고 있는 대상, 혹은 그 범위가 제한된 대상을 의미하므로 한정성을 가장 잘 나타내는 낱말로 대명사를 들 수 있다.

  他又没有来。
   그 사람은 또 오질 않았어요.

대명사는 이미 지칭하는 대상이 누구인지 알 수 있는 상황에서만 쓰이는 것으로 화자나 청자 둘 중 한 쪽이라도 이 '他'가 누구인지 알지 못한다면 이 문장은 대화자 사이에서 의미가 통하지 않을 것이다. 만일 대명사가 아니라면 관형어구로 한정성을 드러내기도 한다.

人 → 那个人 (그 사람)
朋友 → 邻居的朋友 (이웃 친구)
书 → 昨天我在书店的买的书 (어제 내가 서점에서 산 책)

중국어에서 이러한 한정성의 개념은 주어와 목적어의 성질과 관련이 있으므로 비교적 중요하게 다루어진다.

중국어의 주어는, 바꾸어 말하자면 문두에 오는 명사성 성분은 의미상 '한정적/확정적'이라는 특징이 있다. 즉, 주어가 지시하는 대상은 화자나 청자가 이미 모두 알고 있는 한정적 성분이어야 하므로 비한정적인 의미 특징을 가진 낱말이나 구는 주어 위치에 올 수 없다.

? 人来了。

만일 이 문장이 성립하려면 대화가 이루어지는 상황 속에서 이 '人'이 누구인지 화자와 청자가 이미 인식하고 있어야 가능하다. 만일 이 문장이 성립한다면 비록 '人'의 한정성을 나타내줄 만한 성분이 없다 해도 발화 상황 속에서 이미 한정성이 확보된 것으로 생각해도 좋다.

人来了。

(좀 전에 얘기했던 그) 사람이 왔어.

그런데 만일 상황이나 배경 속에서 이 '人'이 누구인지 알지 못한다면 이 문장은 성립할 수가 없다. 이런 경우 '人'이 한정적임을 나타낼 수 있는 성분을 추가하거나 비한정적이어도 괜찮은 위치, 즉 목적어 위치로 이동시켜야 한다. 물론 이 두 가지 경우 문장의 의미는 각각 달라진다.

  a' → 那个人来了。 ← 주어앞에 한정적 성격의 지시사를 둔다.
    그 사람이 왔어요.
  a'' → 来人了。 ← 목적어 위치로 이동시킨다.
    누가 왔어요.

혹은 아래와 같이 바꿀 수도 있다.

  a''' → 有人来了。(← 有人+人来了)
    누가 왔어요.

a''')의 의미는 a'')와 같지만 다른 문법적 장치를 사용한 것이다.

이 문장은 '有人(어떤 사람이 있다)'와 '人来了(그 어떤 사람이 왔다)'라는 두 개의 문장을 하나로 결합한 겸어문 구조인데, 첫 번째 술어 '有'뒤에 목적어로 '人'을 둠으로써 문두에 비한정적 성분이 오는 것을 피한 것이다.

명사성 성분의 한정성/비한정성은 중국어 문장의 구조를 형성하는 주요 원인이 되기도 하므로 유념해둘 필요가 있다.

술어와 부사어

술어-목적어가 문장의 중심 의미 정보를 제공한다면 부사어는 술어 앞에 위치하여 더욱 세부적인 정보를 제공하는 역할을 한다. 문장의 의미를 더욱 명확하게 해주는 역할은 부사어 뿐 아니라 보어의 역할이기도 하다. 부사어와 보어는 술어의 앞에 위치하느냐 뒤에 위치하느냐로 구분이 되기도 하지만 그 역할은 같지 않다. 부사어는 일종의 수식어로 술어를 꾸며주는 역할을 하므로 생략되어도 문장의 중심 사건에 영향을 미치지 않지만, 보어는 술어만으로 미처 설명하지 못하는 부분을 보충해주는 보충어로서의 역할이 크기 때문에 생략하면 문장의 의미가 달라지거나 완전해지지 않을 수도 있다.

술어를 꾸며준다는 것은 술어의 내용에 대해 시간, 장소, 방법 등 보다 구체적인 상황을 제시하는 것이라고 이해하여도 좋다. 부사어가 제시할 수 있는 내용은 아래와 같이 크게 두 가지로 묶어 설명할 수 있다.

1) 제한적 부사어

시간, 장소, 범위, 목적, 방향, 부정, 대상 등을 나타내는 것으로 술어를 제한하는 역할을 하는 부사어이다. 어조나 추측을 나타내는 부사어도 여기에 속한다.

他们都已经吃晚饭了。 ← 범위, 시간
그들은 모두 이미 저녁밥을 먹었다.

我们明明吃饭了! ← 어조
우리는 분명히 밥을 먹었어!

我晚上跟他们吃晚饭了。　　← 시간, 협동
나는 저녁에 그들과 함께 저녁을 먹었어.

我们在家吃晚饭了。　　← 장소
우리는 집에서 저녁을 먹었다.

我们还没吃晚饭。　　← 부정
우리는 아직 저녁을 먹지 않았다.

我们又吃晚饭了。　　← 중복
우리는 또 저녁을 먹었다.

我们全吃光了。　　← 범위
우리는 모두 먹어치웠다.

2) 묘사적 부사어

동작자의 심리 상태나 표정, 동작의 방식이나 과정 등을 묘사하는 부사어이다.

- 동작자를 묘사하는 것

주로 동작자의 심리 상태를 묘사하거나, 동작할 때 표정, 신체적 특징을 나타낸다.

他们俩愉快地吃饭了。
그들 두 사람은 아주 유쾌하게 식사를 하였다.

妈妈给我做了几盘菜, 我激动地吃了一口。
엄마가 나에게 요리 몇 접시를 해주셔서 나는 감동해서 한입 먹었다.

- 동작을 묘사하는 것

동작의 방식, 과정 등을 묘사하는 것이다.

> 他们很快吃完了这顿饭。
> 　그들은 아주 빨리 이 식사를 마쳤다.
>
> 她坐在一角, 不停地吃东西。
> 　그녀는 한쪽 구석에 앉아 끊임없이 무언가를 먹었다.

부사어가 제한적이냐, 묘사적이냐를 구분하는 것은 사실 그 내용 자체보다 그 부사어가 문장 속에서 어디에 위치할 수 있느냐와 더 관련 있다.

이제 술어와 부사어가 이루는 구조를 좀 더 자세하게 살펴보자.

3) 술어와 부사어의 위치

부사어가 술어 앞에 위치한다고 해서 언제나 '주어+부사어+술어'의 어순만 있는 것은 아니다. 술어 앞에는 부사어 외에 주어도 있고, 부사어가 하나 이상일 수도 있으니 술어 앞의 여러 다른 요소가 함께 올 때 그 어순 관계를 함께 고려해야한다.

- 부사어가 문장 내 특정 성분의 범위를 제한하는 때도 있다.

주어의 범위를 제한하는 범위 부사는 언제나 주어 앞에 위치하며,

> 就他一个人还在吃饭。
> 　그 사람만 혼자 아직도 밥 먹고 있어.

제한적 부사어도 주어 앞에 위치할 수 있으며, 경우에 따라 이들은 주

어 뒤 술어 앞에 위치하기도 한다. 두 가지 위치상의 차이가 의미상의 차이를 만들어 내지는 않으며 대체로 주어 뒤 술어 앞에 다른 부사어 성분이 있다면 앞으로 이동하는 것이 일반적이다.

  关于环境问题, 我们明天继续讨论吧。
   환경 문제에 관해서는 내일 계속 토론합시다.

  大家为我们的友好合作干杯!
  为我们的友好合作, 大家干杯!
   모두 우리들의 우호협력을 위해 건배!

  我对我的外貌感到很满意。
  对我的外貌, 我感到很满意。
   나는 나의 외모에 대해 아주 만족스럽다.

  你刚才说什么?
  刚才你说什么?
   좀 전에 무슨 얘기 했어?

- 묘사적 부사어의 대부분은 주어 뒤에만 위치한다.

  我很高兴地接受了。
   저는 아주 기쁘게 받았습니다.

여러 개의 부사어를 한 문장 안에 쓰는 경우는 대체로 아래와 같이 기억해두고 있으면 편리하다.

  시간/어조+주어+동작자묘사+제한적 부사어+동작묘사+술어

위와 같은 어순으로 정리될 수 있는 이유는 인간의 인지 사고의 원리가 작동하기 때문이라고 할 수 있다. 언어가 인간의 사고 체계를 반영한다는 전제 아래, 인지적으로 가까운 개념은 언어 형식에서도 문장 성분 간의 거리가 가깝다. 쉽게 말해 의미상 서로 연관성 있는 단어들은 문장 내에서 서로 가깝게 위치한다는 것이다. 동작자를 묘사하는 부사어는 동작자인 주어 가까이, 동작을 묘사하는 부사어는 동작을 나타내는 술어 가까이에 위치하게 되며, 문장 전체에 영향을 미치는 어조부사나 주어의 범위를 제한하는 부사어는 주어 앞, 즉 문장의 가장 앞쪽에 위치한다는 것이 그러한 사실을 반영하는 것이다.

他也许吃饭。
　그는 아마 밥을 먹을거야.

也许他吃饭。
　아마 그가 밥을 먹을 거야.

위의 두 문장은 '也许'가 그 위치에 따라 수식하는 성분이 달라지고, 그래서 의미가 달라지는 예를 나타낸 것이다. '也许'가 '吃饭' 앞에서 '吃饭'을 수식한다면 '吃饭'의 가능성을 나타내고, 주어 앞, 즉 문두에 위치한다면 문장 전체 '他吃饭'의 가능성을 나타낸다.

　사실 이러한 인지적인 원리가 어순에 관여하는 것은 부사어의 순서에만 해당하는 것이 아니다. 다음 장에서 살펴보게 될 보어 역시 부사어와 비교해볼 때 이러한 인지 원리를 배경으로 하고 있다.

술어와 보어

```
早上        吃
在餐厅      吃
不          吃
跟他一起    吃
慢慢        吃
高兴地      吃
부사어      술어

            吃   光
            吃   上了
            吃   得很香
            吃   不下
            吃   过一次
            吃   了半个小时
            술어  보어
```

예문에서 보듯 부사어는 모두 술어 앞에 위치하고 있고 보어는 모두 술어 뒤에 위치하고 있다. 1차적으로 부사어와 보어의 구별은 이러한 문장 내 위치에서 시작한다.

'보어'는 중국어의 6가지 문장 성분 중에서 가장 복잡하고 다양한 의미를 만들어내는 문법 장치이다. 술어 앞에서 술어를 꾸며주는 성분을 부사어라고 한다면 보어는 술어 뒤에서 술어의 의미- 상황, 결과, 정도, 방향, 시간, 장소, 수량 등의 의미를 보충해주는 역할을 한다.

술어의 부속성분 중 부사어와 보어는 각기 그 의미와 문법적 기능이 다르므로 이를 잘 이해해야만 중국어다운 중국어를 할 수 있다. 한국어에는 중국어의 보어와 같은 문법 성분이 없고 이에 해당하는 성분이 다른 문장 성분으로 나타나기 때문에 많은 한국인 학습자가 이 보어를 이해하고 사용하는 데 어려움을 겪는 경우가 상당히 많다.

앞서 하나의 문장 내에 여러 개의 부사어가 올 때 그 순서가 인간의 인지적 원리에 근거한 것이라고 하였다. 이 인지적 원리 중에는 시간에 대한 인지적 개념도 포함되는 데 중국어의 어순은 사건 발생의 과정이나 사건의 시간적 순서에 따라 배열되기도 한다. 즉 중심 사건을 설명하는 동사 술어를 기준으로 해서, 동사 이전의 성분은 동작 발생 이전의 것을 나타내거나, 혹은 동작의 발생에 동반적 성분을 나타내는 경향이 강하고, 동사 이후의 성분은 동작이 발생한 이후의 내용을 나타내는 경향이 강하다.

예를들면 '在'전치사구가 동사 술어 앞에서 부사어로 쓰이는 경우와 동사 술어 뒤에서 보어로 쓰이는 경우로 나누어 설명할 수 있는데, '在'전치사구가 부사어로 쓰인다면 주어가 그 장소에 존재하거나 그 장소에서 동사의 동작을 수행함을 말하고, '在'전치사구가 보어로 쓰인다면 주어가 동작을 이행한 결과 그 장소로 이동하거나 그 장소에 도달함을 말한다.

- 주어+'在'장소+동작 : 주어가 장소에 존재하거나 장소에서 활동함

　　孩子们在床上跳。
　　　아이들이 침대 위에서 뛰고 있다.

　　她在房间里哭。
　　　그녀가 방안에서 운다.

- 주어+동작+'在'장소 : 주어가 동작을 수행한 결과 주어가 그 장소로 이동하거나 장소에 도달함.

孩子们跳在床上。
　아이들이 침대 위로 뛰어 오른다.
*她哭在房间里。
← '哭'라는 동작의 결과 주어가 '房间里'라는 장소에 있게 되는 상황은 있을 수 없으므로

　그렇다면 이러한 인지원리를 염두에 두고 아래의 두 한국어 문장을 중국어로 옮겨보도록 하자.

① 어제 나는 일찍 왔다.
② 내일은 일찍 오려무나.

　이 두 문장에 등장하는 '일찍'은 한국어 문법에서 모두 부사어이다. 이 문장들을 중국어로 번역한다면, 한국어와 마찬가지로 둘 다 부사어로 번역할 수 있을까?

① *昨天我早来了。
①' 昨天我来得很早。
② 明天你早点来呀。
②' *明天你来得很早。

　①'은 '어제 나는 일찍 왔다'에 해당하는 중국어 문장이고, ②는 '내일 너는 좀 일찍 오너라'에 해당하는 중국어 문장이다. 한국어의 이 두 문장에서 '일찍'이 나타내는 문법적 의미를 자세히 살펴보자.

　①에서 '일찍'은 오는 동작의 결과, 혹은 그 결과에 대한 평가를 나타내

고 있고, ②에서 '일찍'은 오는 동작의 방식을 나타내고 있다. 이처럼 이미 일어난 일, 행하여진 동작의 결과, 그에 대한 평가를 나타낼 때 중국어에서는 부사어가 아닌 보어로 그 문법적 의미를 나타내고, 동작의 방식, 태도 등을 나타낼 때는 주로 부사어로 그 문법적 의미를 나타낸다. 따라서 어제 일찍 왔음을 말하는 문장에서는 '일찍'은 보어로, 내일 오는 동작의 방식을 말하는 문장에서 '일찍'은 부사어로 표현해야 한다.

자, 이제 위의 설명에 기억해두고 아래 문장을 중국어로 옮겨 보자.

① 어떻게 하면 더 빨리, 더 깨끗하게 양말을 빨 수 있지?
② 네 양말은 엄마가 벌써 깨끗하게 빨아주셨어.

이 두 문장의 '깨끗하게'는 모두 빨다라는 동사의 부사어이지만 동사와의 의미 관계를 살펴보면 다르게 기능하고 있다. 첫 번째 문장의 '깨끗하게'는 빨다라는 동작의 방식을 나타내고 있으며 두 번째 문장의 '깨끗하게'는 엄마의 빨다라는 동작 결과에 대한 평가를 나타낸다. 따라서 첫 번째 문장의 '깨끗하게'는 중국어 문장에서는 부사어로, 두 번째 문장의 '깨끗하게'는 보어로 처리한다.

① 어떻게 하면 더 빨리, 더 깨끗하게 양말을 빨 수 있지?
→ 怎么样更快, 更干净地洗袜子？
② 네 양말은 엄마가 벌써 깨끗하게 빨아주셨어.
→ 你的袜子妈妈已经洗干净了。

부사어와 보어는 문장 내 위치 뿐 아니라 이렇게 의미 기능의 차이를 가지기도 한다. 보어는 부사어보다 더 많은 형식으로 더 많은 의미를 표현하므로 중국어의 보어가 표현할 수 있는 문법적 의미들에 대해 좀 더 자세하게 살펴보도록 하자.

1. 지하철을 반대로 탔어!   ▶ 결과보어

    a. 지하철을 반대로 탔어!
    b. 아이가 놀라서 울잖아!
    c. 나는 이미 배부르게 먹은걸요.
    d. 이 말은 너무 많이 들어서 지겹다.

모국어의 언어 체계에 이미 익숙해진 화자들은 모국어의 언어 체계에 기대어 외국어를 이해하는 경우가 많다. 두 언어의 차이점을 이해하는 것은 언어 체계의 차이를 이해한다는 것인데, 이는 단순히 어순이 다르다는 것을 이해한다는 것이 아니라, 사건이나 상황을 인식하는 방법 혹은 순서의 차이를 이해하는 것에서 시작함을 의미한다. 이러한 과정이 선행되지 않고 각 단어 혹은 문장 성분을 일대일 대응 방식으로 외국어의 문법에 끼워 맞추게 되면 오류가 생기므로 이는 외국어 문법에 모국어 문장을 구겨 넣는 것과 다를 바가 없다.

위의 예시 네 문장을 중국어로 옮기려고 할 때, 한국어 문법에 익숙한 한국어 사용자들은 '반대로', '배부르게'를 똑같이 부사어로 치환시켜 문장을 만들기도 하고, b)와 d)가 원인과 결과를 나타내는 문장 구조라 하여 인과관계의 접속문으로 번역하는 오류를 형성하기도 한다.

a. 지하철을 반대로 탔어!
↬ *反对坐地铁了。

b. 아이가 놀라서 울잖아!
↬ ?孩子因为吓了, 所以哭了。

위 예시문의 중심 사건을 찾아보면 아래와 같다.

a'. 지하철을 타다.

b'. 아이가 운다.

c'. 나는 먹는다.

d'. 이 말은 지겹다.

그러나 문장을 다시 한번 살펴보면 부사어로 표현된 단어 역시 일종의 사건을 나타내고 있음을 알 수 있다. 즉, 위 예문들은 두 개의 사건으로 구성되어 있으며 두 개의 사건은 동작과 동작으로 인한 결과로 연결되어 있다.

           동작   그 결과

a''. 지하철을 탄다 → 반대 방향이다

b''. 아이가 놀란다 → 운다

c''. 나는 먹는다 → 배부르다

d''. 이 말은 많이 듣는다 → 지겹다

이러한 두 개의 사건을 중국어에서는 술어와 결과보어로 연결하여 만들 수 있다.

  a'''. 我坐了地铁　→ 反了　⇒　地铁我坐反了。
  b'''. 孩子吓了　　→ 哭了　⇒　孩子吓哭了!
  c'''. 我已经吃了　→ 饱了　⇒　我吃饱了。
  d'''. 这句话听了　→ 烦了　⇒　这句话(我)听烦了。

 이처럼 중국어의 결과보어는 동사 뒤에 다른 동사, 형용사, 전치사구 등이 결합하여 동작의 결과를 표시하는 역할을 한다. 이때 문장은 동작 자체를 강조하는 것이 아니라 결과보어로 표현된 결과에 의미의 중점이 있다.

  ① 我洗了衣服。　　　나는 옷을 빨았다.
  → 我洗干净了衣服。나는 옷을 깨끗하게 빨았다.
  → 我洗完了衣服。　나는 옷을 다 빨았다.
  → 我洗好了衣服。　나는 옷을 잘 빨았다.

①에서 결과보어를 쓰지 않고 동사로만 술어를 만든 경우 그 의미는 다만 빨래를 하였다는 사실만 전달하지만 '干净', '完', '好'의 결과보어를 사용한 경우 빨래를 한 결과가 어떠하였는지에 대한 설명까지 포함해서 나타내게 된다. 동사만으로 화자의 의도가 완전히 전달되지 않아 결과보어를 활용하는 것으로 이때 의미의 중점은 동사 술어보다는 결과보어에 집중된다.
 화자가 결과보어 구문을 쓸 때 화자의 의도가 술어 자체가 아니라 결과를 나타내는 보어에 있다는 것은 결과보어의 부정 형태를 살펴보면 알 수 있다. 결과보어의 부정문은 동작 자체를 부정하는 것이 아니라 동작의 결과, 즉 결과보어는 부정하기 때문이다.

② 我听懂了那个报告。내가 그 보고를 듣고 이해했다.
→ 我没听懂那个报告。나는 그 보고를 듣고도 이해하지 못했다.
③ 我洗完了衣服。 나는 옷을 다 빨았다.
→ 我没洗完衣服。 나는 옷을 빨기는 했지만 다 빨지 못했다.

만일 동작 자체를 하지 않았다고 부정한다면 결과보어 구문을 쓸 이유가 없다.

②' 我听了那个报告。내가 그 보고를 들었다.
→ 我没听那个报告。나는 그 보고를 듣지 못했다.
③' 我洗了衣服。 나는 옷을 빨았다.
→ 我没洗衣服。 나는 옷을 빨지 못했다.

한 가지 더 유의할 점은 동작의 결과를 나타낸다고 해서 이 사건을 반드시 과거 시제와 결부시켜야 하는 것은 아니라는 점이다. 예를 들어 나는 그 책을 사는 행위를 성취하겠다는 의미, 즉 구매하는 행위를 할 것이고 그 결과 꼭 내 손에 넣겠다는 의미를 표현하고자 할 때 이는 분명히 아직 발생하지 않은 사건이지만 결과보어 구문을 써서 결과에 대한 의지를 나타낼 수도 있다.

我去书店买那本书, 结果没有买, 因为已经卖光了。
　내가 그 책을 사러 서점에 갔는데, 결국 못 샀어, 이미 다 팔렸거든.
← 이미 발생한 사건의 결과를 나타낸다.

我一定要买到那本书。
　난 그 책을 꼭 사겠다.
← 이 문장은 아직 발생하지 않은 일이지만 나는 반드시 책을 구매하는 행위를 성취해내겠다는 것을 의미한다.

위의 예들을 통해 본 결과보어는 그 의미가 명확하게 드러나서 한국어로 번역할 경우 적당한 어휘로 일대일 번역이 가능한 문장들이다. 그러나 실제로 중국인들이 사용하는 많은 수의 결과보어 구문은 문장 내에서 그 문법적 의미가 분명히 존재함에도 불구하고 한국어로 번역할 때 그 의미를 어휘적으로 분명하게 제시할 수 없는 경우가 많다.

在回家的路上, 我遇见了他。
집으로 돌아가는 길에 나는 그와 마주쳤다.

동사 술어 '遇' 뒤에 오는 결과 보어 '见'은 상대방과 우연히 마주쳐 그를 인지하게 됨을 말하는 것이지만 한국어로 풀이할 때 '마주치다'는 낱말로 설명할 수밖에 없다. 또 다른 예를 들어보자.

조용한 밤 무언가 부스럭거리는 소리에 깜짝 놀라 옆 사람에게 이렇게 묻는다. '앗, 방금 그 소리, 너 들었니?'

이 문장을 중국어로 옮길 때, 우리가 아는 단어 '听'만으로는 부족하다. 이것은 소리를 듣는 동작을 했냐고 묻는 것이 아니라 듣고 그 소리를 인지했냐고 묻는 것이기 때문에 단순히 '听了吗?'라고 묻는 것이 아니라 아래와 같이 말한다.

哦, 刚才的声音, 你听见了吗?

결과보어 '住'도 한국어로 옮기기 어려운 예에 속한다.

立刻站住!
당장 멈춰!

> 请你遏制住你的感情。
> 제발 너의 감정을 억제해줘.

'住'가 결과보어로 쓰이면 어떤 동작의 결과 그 자리에 멈춤, 고정됨을 설명하게 된다. 이 보어가 결합함으로써 단순히 '站'이라는 동작만을 수행하는 것이 아니라 서서 그 자리에서 움직이지 않음, 그 자리에 멈추어 섬을 의미하고 있다. 마찬가지로 '遏制' 뒤에 '住'를 결합시켜 감정을 눌러 더 이상 움직이지 않도록, 고정시킨다는 의미를 나타낸다.

아래의 예 역시 한국어의 어휘로 번역하기 힘든 보어 중 하나이다.

> 这段话是多余的, 删掉吧。
> 이 단락은 쓸모가 없으니 삭제해버리자.

'掉'는 원래 떨어뜨리다, 빠트리다, 잃어버리다 등의 의미가 있다. 따라서 이 '掉'가 결과보어로 쓰이면 술어가 표시하는 동작의 결과 어떤 사물이 떨어져 나감, 소실, 탈락 등을 의미하게 된다. 그러므로 주로 '脱掉', '扔掉', '删掉'와 같은 형태로 결과보어를 구성하는 예가 많다.

정리하자면 한국어와 비교해서 중국어의 결과보어는 아래와 같이 설명할 수 있다.

첫째, 이유, 방법, 조건 등의 의미 관계를 가진 두 개의 사건이 두 개의 용언으로 나란히 병치되어 있다면 중국어의 결과보어를 쓸 수 있다.

> 그는 울어서 눈이 부었다.
> → 他哭了, 眼睛肿了。 ⇒ 他哭肿了眼睛。
> 그는 문을 밀어 열었다.
> → 他推了门, 门开了。 ⇒ 他推开了门。

둘째, 한국어는 대체로 결과나 방식, 혹은 정도를 나타내는 연결 어미 '~게'에 의해 연결되어 하나의 사건으로 보인다 해도 두 개의 사건 즉, 동작과 결과로 연결된 경우 중국어의 결과보어를 쓸 수 있다.

그는 이 문제를 정확하게 대답했다.
→ 他答了这道, (结果)对了 ⇒ 他答对了这道题。

그는 담배꽁초를 납작하게 밟았다.
→ 他踩了扁烟头, (结果)烟斗扁了 ⇒ 他踩扁了烟头。

셋째, 한국어에서는 하나의 단어 속에 중국어의 결과보어 의미가 편입되어 있는 경우가 많지만 중국어에서는 이를 술어와 보어로 분리해서 써야 하는 경우가 있다.

유학 수속을 드디어 했다.
→ 留学的手续终于办成了。

북경가는 비행기표를 샀다.
→ 去北京的飞机票买着了。

'成'이나 '着'와 같은 결과보어는 주로 동작의 완료나 목표의 달성 등을 의미하는 데 한국어에는 이에 대응하는 형식이나 어휘가 없으므로 가장 많은 오류를 보이는 결과보어이기도 한다. 그러므로 어떤 텍스트 내에서, 혹은 대화 내용 중에 이러한 결과보어 구문이 있다면 앞뒤 발화의 상황이나 맥락을 잘 살펴 이 보어가 나타내고자 하는 의미가 무엇인지를 살펴보는 것도 도움이 된다.

위의 예처럼 결과보어는 동사, 형용사 등이 주로 오지만 전치사구 또한 결과보어의 구성으로 많이 활용된다. 어떤 문법책에서는 이들을 전치사구

보어라고 해서 결과보어와 구분하기도 하는데, 이 전치사구 보어들이 결국 결과보어와 같은 의미 기능을 하므로 여기서는 결과보어의 한 형태로 설명하고자 한다. 이 전치사구는 문장 속에서 부사어로도 자주 활용되므로 이들이 부사어로 쓰일 경우와 보어로 쓰일 경우 그 차이에 대해서 살펴보자.

  a. 他坐在妈妈的椅子上。
    그는 어머니의 의자 위에 앉아 있다.
  b. 他在妈妈的椅子上坐。
    그는 어머니의 의자 위에 앉았다.
  c. 他在妈妈的椅子上坐着看书。
    그는 어머니의 의자 위에 앉아서 책을 읽는다.

 a)는 전치사구 '在妈妈的椅子上'이 동사 술어 뒤에서 보어로 쓰인 문장이고, b)와 c)는 동사 술어 앞에서 부사어로 쓰인 문장이다. a)는 결과보어 구문으로 동작의 결과가 전치사구로 나타나는 것이므로 이 문장은 그가 앉는 동작을 하고(坐) 그 결과 어머니의 의자 위에 있음(在妈妈的椅子上)을 의미한다. b)는 전치사구 '在妈妈的椅子上'이 부사어로 쓰여 동작이 발생하는 장소를 배경으로 설명하고 있음을 말한다. 굳이 상황을 설명하자면 그가 어머니의 의자 위에서 앉는 동작을 한다는 것이다. 다만 중국어는 문장의 술어가 다른 부가 성분 없이 일음절 동사로 끝맺는 것을 그다지 허용하지 않기 때문에 이 문장은 다소 어색한 느낌을 준다. 이런 경우 중국인들은 조사 '了'나 다른 보어나 부가 성분을 덧붙여 문장을 마무리한다. 그래서 c)와 같은 문장으로 다시 표현할 수 있다.

 '동사+给+명사'구문 역시 전치사구가 결과보어로 활용된 형식이다. 이 '给+목적어'가 보어로 쓰이면, 어떤 사물이 주어의 수중에서 직접 '给'의 목적어 수중으로 전달되어 그 결과 어떤 사물이 '给+목적어'에게 주어짐을 나타낸다. 그러므로 '给+목적어'를 결과보어로 가지는 동사 술어는 그 동작의 결과가 자연스럽게 '给+목적어'의 목적어로 향할 수 있는 의미를 가져야 한다.

> 我把昨天的作业交给老师。
> 　　나는 어제 숙제를 선생님에게 제출하였다.
>
> 这些东西我已经送给他了。
> 　　이 물건들은 내가 벌써 그에게 보내주었다.
>
> 发生地震后, 学校马上就发给学生们短信。
> 　　지진이 발생한 후, 학교는 바로 학생들에게 문자를 보냈다.

위 문장들의 동사 술어들을 보면 그 공통점이 동작의 결과 사물이 '给'의 목적어에게 자연스럽게 이동될 수 있는 행위를 표현한다는 것이다.

그럼 이 '给' 전치사구가 보어로 잘못 쓰이는 예를 보자.

> a. 商店的老板卖给我稀贵的娃娃。
> 　　상점 주인이 나에게 아주 희귀한 인형을 팔았다.
>
> b. *妈妈买给我稀贵的娃娃。
> → 妈妈给我买稀贵的娃娃。
> 　　엄마가 나에게 희귀한 인형을 사주었다.

동사 '卖'와 '买'를 비교해보면 '卖'는 주어가 '卖'라는 동작한 결과 사물이 다른 사람, 즉 '给'의 목적어에게 이전됨을 의미하지만, '买'는 이와 반대로 주어가 '买'라는 동작을 하면 그 결과 사물이 주어에게로 옴을 의미하게 된다. 그러므로 a)는 가능하지만 b)의 첫 번째 문장은 성립되지 못하는 문장이다. 이때 '给+목적어'가 보어가 아닌 부사어의 위치에 오게되면 물건이 '给+목적어'에게 이전됨을 의미하는 것이 아니라 '~에게 ~해주다'라는 의미, 즉 행위나 동작의 봉사 대상을 나타내게 된다.

아래의 예 또한 동일하게 설명할 수 있다.

> 我给他借了两本书。　←… '给'는 봉사의 대상
> 　내가 그를 대신해서 책을 두 권 빌렸다.
>
> 我的两本书借给他了。　←… '给'는 전달의 대상
> 　나의 책 두 권을 그에게 빌려주었다.

다만, 실제로 중국인들 또한 무엇을 사주다라는 의미로 '买给~'라는 표현을 쓰는데, 정확하게 말하자면 옳은 문법적 표현은 아니다.

살펴보았듯 이러한 결과보어는 한국어에서는 구체적인 어휘로 드러나기보다 동사에 결합되는 어말어미나 어감으로 드러날 수 밖에 없는 경우가 많으므로 이에 대한 감각을 문장이 발화되는 상황 등에 의지해서 익혀두는 것이 좋다.

2. 그 여자는 정말 영화 스크린에서 걸어 나온 배우 같아!
▶ 방향보어

방향보어의 기본적인 문법적 의미는 동작의 방향을 제시하는 것이며 한국어에도 이에 대응하는 문법적 형태가 있어 보다 쉽게 접근할 수 있다.

> 들어가다　　　→ 进去　　들어오다　　　→ 进来
> 걸어들어가다　→ 走进去　걸어들어오다　→ 走进来

뛰어들어가다 → 跑进去   뛰어들어오다 → 跑进来

그 여자는 정말 영화 스크린에서 걸어 나온 배우 같아!
→ 她简直像从电影银幕走出来的演员！

방향보어가 나타내는 기본의미는 동작의 방향이다. 이때 보어 '来', '去'가 표시하는 방향은 동작이 실제 일어나는 방향이 아니라 화자를 중심으로 할 때 보여지는 방향을 표시하는 것이다.

他从图书馆借来一本书。
　그는 도서관에서 책 한 권을 빌려왔다.

他把我的自行车借去, 或许他有急事吧。
　그가 내 자전거를 빌려갔는데, 아마 급한 일이 있는가 봐.

이러한 방향 개념 역시 한국어 동일하기 때문에 한국인들은 '借来-빌려오다', '借去-빌려가다'로 해석하면 그 의미가 적절하게 표현되며 비교적 쉽게 이해할 수도 있다.

그러나 중국어의 방향보어는 이렇게 동작의 방향만을 제시해주는 데에 그치지 않고 여기서 더 나아가 훨씬 더 다양한 문법 의미를 구현하고 있으며 그만큼 복잡한 문법 형식으로 나타나기도 한다. 그래서 많은 중국어 학습자들이 이 방향보어를 쉽게 익히지 못하는 것도 사실이다. 그런데 이 말을 뒤집어 생각해보면 방향보어를 제대로 학습하고 사용할 줄 안다면 방향보어 하나로 그 만큼 다양한 의미를 표현해낼 수 있다는 것을 알 수 있다. 그래서인지 방향보어는 중국인들이 가장 많이 쓰는 문법 형식에 속한다.

방향보어의 어려움은 그 형식이 다소 복잡하고 의미가 다양하다는 점에 있다고 하였으므로 여기서는 이 두 가지를 중심으로 살펴보도록 하자.

우선, 방향보어가 문법적으로 복잡하다는 것은 다른 보어에 비해 목적어, 조사 '了'와의 어순이 다양하기 때문이다. 목적어가 사람인지, 사물인지, 혹은 장소인지에 따라, 목적어가 한정적이냐 비한정적이냐에 따라 목적어와 방향보어와의 어순이 달라지고 이에 덧붙여 이미 일어난 과거의 일인지 아닌 지에 따라서도 어순이 달라지며, 또한 조사 '了'와 함께 쓰이면 이 조사와의 어순도 복잡해진다.

방향보어와 목적어의 어순에서 가장 먼저 고려해야 하는 것은 목적어의 성격이다. 목적어가 장소를 나타내는지, 사람이나 사물을 나타내는지를 먼저 살펴보아야 하는데 장소를 나타내는 목적어는 반드시 보어 '来/去' 앞에 위치해야 하며 장소 이외의 목적어 즉, 사람이나 사물을 나타내는 목적어라면 동작의 완료 여부를 따져 보어 '来/去' 앞에 둘 것인지 뒤에 둘 것인지를 결정한다.

太晚了, 我要回家去。　　←… 장소 목적어
　너무 늦었어, 집으로 돌아갈래.

我们很高兴地走上楼去。　　←… 장소 목적어
　우리는 아주 즐겁게 건물에 올라갔다.

他搬进一张桌子来。　　←… 장소 외 목적어
　그가 테이블 하나를 옮겨온다.

他搬进来一张桌子。　　←… 장소 외 목적어
　그가 테이블 하나를 옮겨온다./옮겨 왔다.

예시문을 통해 알 수 있듯, 장소 목적어는 동작의 완료 여부와 상관없이 항상 고정된 위치에 있으며, 장소 외 일반명사 목적어는 '来/去' 앞에 올 수도 있고 뒤에 올 수도 있다. 만일 아직 발생하지 않은 동작이라면 일반명사 목적어가 보어 '来/去' 앞에 오고, 만일 이미 발생한 동작이라면 일반명사 목적어는 보어 '来/去' 앞뒤에 모두 올 수 있다.

- 동사 + (복합방향보어+) 목적어 + 来/去
← 아직 일어나지 않은 동작, 이미 발생한 동작 모두에 사용

- 동사 + (복합방향보어+) 来/去 + 목적어
← 이미 발생한 동작에만 사용

따라서 목적어가 '来/去' 앞에 오는 형식으로 이미 발생한 동작을 표현할 경우, 대체로 다른 표지를 써서 동작의 완료 여부 혹은 과거의 사건 여부를 혼돈 없이 알려준다. 예를 들어 동태조사 '了'가 함께 쓰이거나 과거 시제임을 알려주는 시간사가 같이 쓰일 수 있다.

明天他要搬进一张桌子来。 ←… 아직 발생하지 않은 동작
　　내일 그가 테이블을 하나 옮겨올거예요.

昨天他搬进了一张桌子来。 ←… 이미 발생한 동작
　　그가 어제 테이블을 하나 옮겨왔어요.

다시 정리하자면 아래와 같다.

- '동사 + (복합방향보어+) 来/去 + 목적어'의 형식은 목적어와의 어순 자체로 이미 발생한 동작임을 알려준다.

- 아직 발생하지 않은 동작은 '동사 + (복합방향보어+) 목적어 + 来/去'의 형식으로 쓴다. 혹은 아직 완료되지 않은 동작도 포함될 수 있는데, 어느 한 시점에 이미 시작된 동작이 아직 진행 중인 경우를 말한다.

따라서 가정이나 가설을 나타내는 문장, 명령이나 지시를 하는 문장, 미래의 일을 추측하는 문장에서는 항상 이 형식만을 쓸 수 있다.

- '동사 + (복합방향보어+) 목적어 + 来/去'는 이미 발생한 동작도 나타

낼 수 있는 형식이기 때문에 위의 의미와 혼동하지 않기 위해 이미 발생한 동작을 나타낼 때는 동태조사 '了'나 과거시제임을 알려주는 과거 시간사와 함께 쓴다.

你搬进一张桌子来吧。
　테이블 하나 좀 옮겨 들고 와.
→ *你搬进来一张桌子吧。

妈妈, 请你寄些衣服来呀。
　엄마 옷 몇 벌 좀 부쳐주세요.
→ 妈妈, 请你寄来些衣服呀。

　동작의 발생 여부가 보어와 목적어의 어순을 결정짓는 요소가 되는 이유에 대해 여러 가지 많은 이견이 있는데, 인간의 인지 원리를 근거로 제시하는 견해도 있다. 중심 술어와 (복합) 방향보어는 비록 세 개의 동사로 이루어져 있지만 사건 전체에서 볼 때는 이 세 개의 동사가 하나의 동작으로 연결된다. 즉, 위 예시문을 통해 설명하자면, 전체 동작은 '搬'의 동작 기점에서 시작하여 '来'라는 동작으로 마무리하게 된다는 것이다. 따라서 방향보어 뒤에 목적어가 온다면 이는 세 개의 동작이 하나로 연결되어 마무리되었음을 나타낸다고 할 수 있다.

搬　　 + 목적어 + (进来) - 搬 동작의 발생
搬进　 + 목적어 + (来)　 - 搬 동작의 집행 과정
搬进来 + 목적어 +　　　 - 搬 동작 집행의 결과

　따라서 '搬进一张桌子来'는 '搬进一张桌子'와 '来'라는 두 동작으로 나뉘게 되어 아직 그 동작들이 실현(혹은) 마무리되지 못하고 아직 진행 과정 중에 있다고 할 수 있다.

아래 두 예시문 역시 동일하게 적용하여 해석할 수 있다.

>他说出来一个秘密。
>>그는 한 가지 비밀을 말했다.
>
>他说出一个秘密来。
>>그는 한 가지 비밀을 말한다.

　방향보어의 두 번째 중요한 특징은 방향 외 다양한 의미를 나타낼 수 있다는 점이다. 동작의 방향을 나타내는 것으로 1차적인 의미 기능을 하지만 단순히 여기에서 그치지 않고 방향에 대한 인지적 원리를 근거로 하여 의미를 확장시켜 활용되고 있다.

>살아가다 → 活下去
>살려내다 → 把他活过来
>
>알아보다 → 认出来
>알아차리다 → 看出来
>
>이 책 너무 재미없어, 정말 계속 읽어나갈 수가 없네.
>→ 这本书太没意思, 简直看不下去的。
>
>이건 내 마음이니 받아줘
>→ 这是我的心意, 请你收下。

　동사, 형용사, 전치사구 등 결과보어를 구성할 수 있는 단어들은 무수히 많지만 이와 달리 방향보어는 몇 개의 이동 동사와 방향사가 단독으로 혹은 두 개가 결합하여 만들어지기 때문에 그 수가 고정되어 있다. 다만 단순히 방향만을 나타내는 것이 아니라 의미가 확대되어 쓰이는 예가 더 많다는 점에서 결과보어 못지않게 많은 의미를 나타낸다. 의미가 확대되어 더 많은 문법적 의미를 가지게 되자 파생 의미를 나타내는 방향보어는 결과보어로 분류되기도 한다. 그러나 이 파생 의미 역시 자세히 살펴보면 방향과 관련된 사람의 인지적 작용을 근거로 하고 있음을 알 수 있다. 몇 가지 예만 살펴보도록 하자.

- 出来

'出来'가 보어로 쓰일 경우 동작을 통해 무언가가 안에서 밖으로 나오는 방향을 제시하게 된다. 안에서 밖으로 나온다는 방향에서 의미가 확장되어 감추어져 있던 것 혹은 드러나지 않던 무언가가 겉으로 드러남을 의미한다. 여기서 의미가 다시 한번 더 확장되어 분명하지 않던 것, 모호하던 것이 분명하게 규명되는 것을 나타내기도 한다.

　　香、臭气味，我们的眼睛看不见，但我们的鼻子能分别出来。
　　　향기와 악취는 우리 눈으로는 볼 수 없지만, 우리 코는 구별해낼 수 있지.

　　无论你做什么装扮，人们都很快就能认出来。
　　　네가 어떤 분장을 해도 사람들은 금방 알아볼 수 있어.

혹은 어떤 동작을 통하여 결과물이 나오는 것, 어떤 성과가 만들어지는 것을 나타내기도 한다.

　　今天的成绩是大家都一同做出来的。
　　　오늘의 성적은 모두가 같이해낸 것입니다.

이때 결과나 성과가 반드시 긍정의 의미만을 나타내는 것은 아니다.

为了捞钱, 他什么都做出来!
돈을 모으기 위해서라면 그는 무엇이든 해낸다.

- 出去

'出去' 역시 밖으로 나가다라는 방향을 나타낸다.

你把桌子搬出去。
탁자 좀 밖으로 옮겨라.

이러한 방향성의 의미가 확장되면 소리가 밖으로 새어나가는 것, 감추던 모종의 일이 밖으로 새어나가게 되는 것, 결과가 밖으로 드러나는 상황도 표현할 수 있다. 이 때 의미가 확장되어도 동작의 방향이 안에서 밖으로 나가는 것은 여전함을 아래의 예시문을 통해 알 수 있다.

一旦这些消息泄出去, 后果不堪设想。
일단 이 소식이 새어나간다면 뒷일은 감히 상상도 못할 거야.

这件事, 你千万别说出去。
이 일은 절대로 입 밖에 내어서는 안 된다.

- 下来 下去

'下来'와 '下去'는 '내려오다'와 '내려가다'라는 의미를 나타낸다. 다른 복합방향보어와 마찬가지로 동작의 방향이 화자에게 가까워지면 '下来'를, 반대로 화자에게서 멀어지면 '下去'를 쓰게 된다. 술어 뒤에 이 보어가 쓰이게 되면 내려오다 혹은 내려가다에서 의미가 확장되어 동작이 지속되는 상황을 표현할 수 있다. 화자의 위치와 동작의 방향이 결합되어 이 두

보어는 조금씩 다른 의미로 확장되는데, 방향이 화자 쪽으로 오는 '下来'는 과거에서 현재까지 동작이 지속되는 것을 나타내고, 반대로 화자 쪽에서 멀어지는 방향을 나타내는 '下去'는 이미 진행되고 있던 어떤 동작이 앞으로 더 계속 진행될 것임을 나타내게 된다. 즉, '下来'는 동작이 혹은 동작이 진행되는 시간이 화자 쪽으로 오는 것이고, '下去'는 동작이 혹은 동작이 진행되는 시간이 화자에서 출발하여 멀어지고 있는 것이다.

> 我一直在北京学习下来的, 明年还要在这儿学习下去。
> 나는 쭉 북경에서 공부해왔고, 내년에도 여기서 계속 공부해 나갈 것이다.

앞서 언급하였지만 방향보어는 다른 보어와 달리 그 수량이 정해져 있으므로 확장된 의미까지 포함하여 그 내용과 특징으로 외워두어 활용하는 것이 좋다. 확장된 의미들은 다른 문법적 장치 없이 그 방향보어만으로 표현할 수 있으므로 익숙해질 수만 있다면 아주 편리한 표현법이 될 것이다.

3. 라면 다섯 봉지를 너 혼자 다 먹을 수 있다고? ▶ 가능 보어

가능보어는 그 명칭에서 힌트를 얻을 수 있듯이, 동작이 어떤 결과나 상황에 이를 수 있는지, 혹은 그러한 가능성이 있는지를 보충 설명하는 보어이다. 중국어에서 가능성을 나타내는 표현은 이 가능 보어와 '能', '可以', '숲'류의 조동사도 있는데 이 둘은 서로 바꾸어 쓸 수 있는 예도 있고, 바꾸어 쓸 수 없는 예도 있다.

你说你一个人吃得完五个拉面吗？
你说你一个人能吃完五个拉面吗？
　너 혼자 라면 다섯 개를 다 먹을 수 있어?

가능보어나 조동사 '能'/'可以'류는 대부분 한국어로 '~할 수 있다'로 번역한다. 그런데 사실 이 '~할 수 있다'라는 단순한 표현 뒤에는 여러 종류의 '가능함'이 숨어 있다.

　　a. 그는 한 번 본 것은 모두 정확하게 기억해낼 수 있다.
　　　← 그의 기억력이 뛰어남 - 능력상 가능함
　　b. 이 정도 크기의 방이면 5명도 잘 수 있다.
　　　← 방의 크기가 5명이 잘 수 있는 조건을 갖춤 - 조건상 가능함
　　c. 차가 이렇게 막히는데, 시간에 맞추어서 올 수 있을까?
　　　← 두 사건의 개연성으로 예측할 수 있음 - 개연성으로 가능함

a)가 어떤 동작이나 결과를 실현할 수 있는 능력, 주관적인 능력을 말한다면 b)는 객관적인 조건이 어떤 동작이나 결과를 실현시킬 수 있는지를 말한다. c)는 절대적으로 확신할 수 있는 것은 아니나 앞뒤 정황으로 보아 그럴 수 있음을 말하는 개연성으로 가능성 유무를 판단한다.

　　d. 내가 답을 알기는 하지만 너에게 가르쳐 줄 수는 없어.
　　　← 상황의 이치나 도리에 따라 허락하거나 허락하지 않을 수 있음
　　　　- 이치상 허가하여 가능함
　　e. 엄마가 허락을 해야지만 이 요리를 먹을 수 있어.
　　　← 허락을 통해 가능함

d)는 이치적으로 따져 볼 때 그러한 동작을 할 수 있다/없다의 문제를

나타내고 e)의 경우는 그야말로 허락 여부에 따라 동작을 할 수 있느냐 없느냐를 나타낸다. 한국어 화자가 한국어로 이 가능의 표현을 사용할 경우 이러한 세부적인 의미까지 파악할 필요는 없겠지만 만일 중국어의 가능 표현을 사용하려고 한다면, 더구나 여러 개의 가능 표현 중 하나를 선택해야 한다면 이러한 세부적 차이를 떠올리지 않을 수 없다.

간단하게 정리하자면 '能'류의 조동사는 한국어의 '~할 수 있다'처럼 모든 의미를 다 표현할 수 있다. 그러나 가능보어는 이들 중 일부의 의미만을 표현하기 때문에 어떤 문장에서는 가능보어와 '能'류의 조동사를 바꾸어 쓸 수 있고, 어떤 문장에서는 바꾸어 쓸 수가 없다. 가능보어 구문은 위에서 살펴본 의미 중에서 a), b), c)의 의미만을 나타낼 수 있을 뿐 이치상의 허가나 허락의 의미를 나타낼 수 없으므로, 만일 '能'류의 조동사가 허가/허락의 의미를 나타내고 있다면 이 구문은 가능보어 구문으로 바꿀 수가 없다.

  a. **这些东西, 你带不走。**
    이 물건들은 네가 가지고 갈 수가 없다.

  b. **这些东西, 你不能带走。**
    이 물건들은 네가 가지고 갈 수가 없다.

이 두 문장은 형식상 같은 의미를 서로 호환하여 표현한 것처럼 보이지만, 사실 다른 의미를 나타내고 있다.

a) 문장은 가능보어를 취하고 있으므로 허락의 의미를 나타내지 못한다. 따라서 이 물건을 가지고 갈 수 없는 것은 다른 객관적 원인-너무 무겁거나, 너무 많기 때문에 가지고 갈 수 없다는 의미를 나타낸다. '能'을 써서 가능함을 표현한 b)는 a)와 같은 의미를 나타낼 수도 있지만, 또 다른 한 가지 의미를 더 나타낼 수도 있다. 바로 허락으로 인한 가능인데, 여기

서는 허락하지 않겠다는 즉, 금지의 의미로써 내가 허락하지 않으므로 가지고 갈 수 없다는 의미를 표현하기도 한다. 만일 이 b)가 조동사를 '可以'로 썼다면 '不可以'는 금지를 나타내는 표현으로 이러한 의미가 더욱 강해진다.

이러한 의미 차이는 아래 예시문에서도 찾아볼 수 있다.

    a. 今天我有事情, 去不了她的家。
    b. 今天我有事情, 不能去她的家。
        오늘 나는 일이 있어서 그녀 집에 갈 수가 없다.

a)는 가능보어 구문을 통해 그녀의 집에 갈 수 없는 상황이 보다 객관적인 원인으로 이루어진 것임을 유추할 수 있다. 다시 말해, 화자도 가고 싶지만 그 '事情'이 객관적인 조건으로 작용하여 가고 싶어도 가지 못하는 것이다. 반면 b)는 객관적인 조건이 제한되어 갈 수 없다기보다 화자의 주관적 판단이 개입되어 일도 있고 하니 가지 않겠다는 의미를 나타낸다.

정리하자면 가능보어는 보다 객관적인 가능성을 설명하고, 조동사 '能'은 객관적인 가능성 외에 주관적인 이치에 따른 가능성도 나타낸다.

이에 따라 아래 각 문장의 앞 절이 제시하고 있는 상황에 근거하여 '你拿不走'와 '你不能拿走' 중 어떤 구문이 적절한지 생각해보자.

    a. 饭桌上的菜太多, (　　　　)。
    b. 饭桌上的菜有的人还没吃完, (　　　　)。

a)는 식탁 위의 요리가 너무 많아서 들고 갈 수 없는 경우이고, b)는 아직 다 먹지 않은 사람이 있어서 들고 갈 수 없는 경우이다. 빈칸에 들어갈

구문을 선택하기 위해서는 이 두 상황 중 어떤 것이 객관적 원인을 이유로 하고, 어떤 것이 주관적 이치를 원인으로 하는 것인지를 살펴야 한다. 식탁 위 요리가 너무 많아서 들고 갈 수 없는 것은 누가 보아도 객관적으로 불가능함을 나타낸다. 반면, 아직 다 먹지 못한 이가 있으니 기다려 주어야 하고, 그러므로 식탁 위 요리를 들고 갈 수 없다는 것은 주관적 이치에 따라 불가능함을 나타낸다.

 a'. 饭桌上的菜太多, 你拿不走。
   식탁 위에 요리가 너무 많아, 너는 들고 갈 수가 없어.

 b'. 饭桌上的菜有的人还没吃完, 不能拿走。
   식탁 위에 요리는 어떤 사람들은 아직 다 안 먹었으니 들고 가선 안돼.

가능보어가 나타내는 의미를 파악했다면 이제는 이러한 의미로 인해 만들어지는 몇 가지 제약을 살펴보자.

가능보어는 동작이나 동작의 결과를 실현할 수 있느냐 없느냐 하는 가능 여부를 나타낸다고 하였다. 동작 혹은 동작의 결과를 나타내기 위해 주로 동작 동사로 술어와 가능보어를 구성하는 것이 일반적이긴 하지만 이 가능보어 구문이 동작성을 가지는 것은 아니다. 오히려 동작성이 결여된 정태적인 구문이라는 것이 더욱 정확하다.

 a. 打得破 推得开 放得下 出不去
   ↓   ↓   ↓   ↓
 b. 打破 推开 放下 出去

위 a) 구문은 술어(打, 推, 放, 出)와 보어(破, 开, 下, 去)가 모두 동사로 구성되어 있지만 동작성을 가지지는 못한다. 동작성을 가지지 못한다는 것은 실제로 어떤 동작을 구현하지 못하고, 따라서 그 동작에 따른 결과를 만들어 낼 수 없다는 것을 의미한다. 만일 이 구문을 가능보어를 구성하는 조사 '得'를 삭제하여 b)의 결과보어 구문으로 만든다면 이들은 다시 동작성을 가지게 된다.

'把'구문과 '被'구문과 같은 일부 특수구문이 가능보어를 쓸 수 없는 이유가 바로 가능보어의 이러한 정태성 때문이다.

  *我把这么多的作业绝对做不完。
  → 我绝对做不完这么多的作业。
    나는 이 많은 작업들을 절대로 다 할 수 없어.

  *这个杯子被他打不破
  → 这个杯子不能被他打破。
    이 컵은 그에 의해 깨질 수가 없다.

앞서 두 개 이상의 문법 형식이 하나의 문장 안에 쓰이기 위해서는 각 문법 형식이 시계 속 태엽처럼 서로 맞물려 돌아갈 수 있어야 한다고 했다. '把'구문과 '被'구문은 가능보어와 서로 맞물리지 않는 대표적인 태엽장치에 속한다. 언급한 바와 같이 가능보어는 동작을 나타내는 것이 아니다. 동작을 할 수 있는 지, 그것의 결과를 실현할 수 있는지에 대한 가능성만을 나타내므로 동작동사가 쓰였다고 할지라도 가능보어 구문에서 그 동사의 동작성은 사라지고 문장은 정태적으로 변한다. 그런데 다음 장에서 우리가 공부하게 될 특수구문 '把'구문이나 '被'구문은 동작으로 인한 결과를 강조하기 때문에 결과를 유발하기 위한 동작이 필수적인 구문이다. 가능보어와 '把'구문이나 '被'구문이 의미 기능적 측면에서 부딪히는 지점이 바로 여기다.

가능보어의 이러한 특성은 부사어와의 결합에서도 적용된다. 가능보어는 동작의 배경인 시간이나 장소를 나타내는 부사어, 동작을 묘사하는 묘사적 부사어가 함께 쓰일 때 제약을 받는다.

  *她昨天回得来。
  *我已经写得完作业。

  이 두 문장의 시간 부사어 '昨天'과 '已经'은 모두 과거의 한 시점을 나타내는 말로써 동사구와 함께 쓰이면 사건의 완료를 나타낼 수 있다. 그런데 앞서 살펴보았듯, 가능보어는 사건을 설명하는 것이 아니라 사건의 실현 가능성을 설명하는 구문이기 때문에 사건의 완료를 나타내는 시간 부사어와 함께 쓰일 수 없다. 사건의 완료는 사건이 일어남을 전제로 하기 때문이다. 그렇다면 사건의 완료를 나타내지 않거나 예측할 수 없는 문장이라면 가능보어 구문을 쓸 수 있는가? 미래의 시간 혹은 가정이나 가설의 시간을 나타내는 경우라면 어떨지 아래와 같이 고쳐보자.

  她明天回得来。
   그녀는 내일은 돌아올 수 있어요.
  我一个小时写得完作业。
   한 시간 안에 숙제를 다 할 수 있어요.

  '明天'은 미래의 시간에서 일어나는 일이며 '一个小时'는 동작을 실현할 수 있는 조건만을 제시하므로 가능보어와 함께 쓰일 수 있다. 이는 가능보어가 동작성을 가지지 못하는 구문이라는 것을 반증해준다.

4. 동생이 너무 좋아서 입을 못 다물고 있어.
   너 중국어 정말 유창하게 한다!
   ▶ 상태보어

중국어의 상태보어는 이미 이루어진 동작이나 어떤 변화가 일어난 후 결과 상태를 나타내는 문법 형식이다.

위의 두 문장을 자세히 보면 첫 번째 문장의 경우 기분이 좋아진 동생의 심리적 변화와 그 결과적 상황으로 입을 다물지 못하고 있는 모습을 표현하고 있으며, 두 번째 문장은 너라는 동작 주체자가 중국어를 하였고, 그리고 그 결과 중국어가 아주 유창함을 알게 되는 상황으로 구성되어 있다. 이러한 의미 구조를 문장으로 표현할 때 중국인들은 상태보어의 문법적 형식으로 나타낸다.

a. 弟弟高兴得合不拢嘴啦。
   동생이 너무 좋아서 입을 못 다물어.

b. 你说汉语说得很流利。
   너 중국어 정말 유창하게 한다!

이러한 의미 구조는 한국어에서도 자주 볼 수 있는 표현 형태이므로 한국어 문장을 통해 이를 좀 더 살펴보도록 하자.

상태보어는 그 세부적인 의미 차이에 따라 두 가지로 나누어 설명할 필요가 있다. 이에 따라 위의 두 예문을 나누어 살펴보자.

첫째, 위 예시문 a) 유형의 의미구조이다.

너무 긴장해서 계속 땀이 났다.

너무 걱정이 돼서 밤새 한 잠도 못 잤어요.

그는 추워서 덜덜 떨기 시작했다.

그녀는 부끄러워 말을 꺼내지 못했어요.

나는 너무 화가 나 엉엉 통곡을 했어.

너 너무 말라서 뼈만 남았잖아.

이 예문들을 살펴보면 모두 어떤 동작이 실행되거나 어떤 변화가 일어나고, 그다음 그 결과적 상태를 나타내는 구조를 갖추고 있다. 만일 단순히 동작과 그로 인한 결과적 상황만을 제시한다면 원인-결과의 접속문이나 결과보어 구문을 사용할 수도 있는데 상태보어 구문을 사용하는 이유는 여기에 한 가지 의미가 더 보태어지기 때문이다. 단순히 동작과 결과만을 연결하는 것이 아니라, 정도의 의미가 추가된다는 점이다. 상태보어는 동작이 실행되거나, 어떤 변화가 일어난 후 그 결과가 상태보어가 나타내는 정도까지 이르렀음을 나타내고 있으며, 그래서 이런 문장은 '~할 정도로 ~하다'라고 바꾸어도 자연스러운 문장이 된다. 따라서 동작에 뒤이어 나오는 결과적 상황은 반드시 사건을 객관적으로 묘사한 것이 아니라 화자의 주관적 판단이 개입되는 경우가 많다.

너무 긴장해서 계속 땀이 났다
→ 계속 땀이 날 정도로 긴장했다.
➔ 我紧张得　一直冒汗。

그는 추워서 덜덜 떨기 시작했다.
→ 덜덜 떨릴 정도로 추웠다.
➔ 他冷得　哆嗦起来。

그녀는 부끄러워 말을 꺼내지 못했어요.
→ 말을 꺼내지 못할 정도로 부끄러웠다.

➔ 她害羞得 说不出话来。

나는 너무 화가 나 엉엉 통곡을 했어.
→ 엉엉 통곡을 할 정도로 너무 화가 났다.
➔ 他气得 哇哇大哭。

너 너무 말라서 뼈만 남았잖아.
→ 뼈만 남을 정도로 너무 말랐다.
➔ 你瘦得 只剩了把骨头。

너무 웃어서 눈물이 다 나네.
→ 눈물이 날 정도로 웃었다.
➔ 你笑得 流眼泪。

둘째, 위 예시문 b) 유형의 의미구조이다.

네가 하는 말이 정말 맞아.
이보다 더 이상 좋을 수가 없어.
너는 글씨를 참 예쁘게 쓰는구나.
선생님은 말씀을 너무 작게 하세요.

이러한 의미구조의 문장들을 살펴보면 동작이 실행되거나 어떤 변화가 일어난 후 결과적 상태에 집중하고 있으며 따라서 전체적인 문장의 느낌이 정태적으로 변해 있음을 알 수 있다. 이 유형의 의미 구조에도 한 가지 더 보태어야 하는 문법적 의미가 있는데, 그것은 묘사적 기능, 혹은 평가의 기능이다. 단순히 사건과 결과적 상태만을 서술하는 것이 아니라 화자의 주관적인 판단(평가라고 해도 좋다)이 개입된다.

네가 하는 말이 정말 맞아.
→ 你说得 很对。

이보다 더 좋을 수가 없어.
→ 好得 不能再好了。

너는 글씨를 참 예쁘게 쓰는구나.
→ 你写字写 得很漂亮。

선생님은 말씀을 너무 작게 하세요.
→ 老师说得 太少了。

이 두 가지 유형을 아래 예문으로 다시 비교해보자.

a. 他跑得很累。
→ 그가 달려서 피곤해한다.(그는 피곤해할 정도로 달렸다)

b. 他跑得很快。
→ 그는 참 빨리 달린다.

이 두 문장은 모두 상태보어 구문이지만 위에서 살펴본 의미 구조상의 차이를 가지고 있다. a)의 경우 정도를 나타내는 결과적 의미를 나타낸다면 b)는 동작의 (평가적 의도를 포함한) 결과적 상태에 집중하고 있다.

그런데, 만일 행위에 대해 그 결과를 묘사하거나 평가하는 것이 아니라, 사건에 대해 단순히 진술한다면 상태 보어가 아닌 부사어로 표현하는 것이 일반적이다.

엄마는 요리를 아주 빨리 한다.
→ 妈妈做菜做得很快。

엄마가 아주 빨리 요리 한 접시를 했다.
→ 妈妈很快地做了一碗菜。

앞서 상태보어의 의미 구조를 설명하면서 '동작의 결과적 상태'라는 표현을 자주 하였는데, 사실 상태보어의 이러한 의미 기능은 결과보어 구문과 어느 정도 일맥상통하는 부분이 없지 않다. 흔히 볼 수 있는 예로 상태보어 구문이 단순한 형용사구로 이루어져 있다면 이를 결과보어 구문으로 치환하여도 객관적인 사실에 대한 차이는 없어 보인다.

  我已经吃得很饱。
  我已经吃饱了。
   나는 이미 배부르게 먹었어.

  她把衣服洗得很干净。
  她把衣服洗干净了。
   그녀는 옷을 아주 깨끗하게 빨았다.

그러나 상태보어가 단순히 결과적 상태를 묘사하는 데서 한걸음 더 나아가 결과적 상태에 대한 정도를 묘사하거나 평가를 나타냄을 상기하여 위의 두 예문을 비교한다면 그 차이를 느낄 수 있다. 결과보어 구문이 결과에 대한 객관적 사실 전달에 가깝다면, 상태보어 구문은 동작의 결과에 대한 평가를 포함하고 것이다. 즉, 상태보어가 동작의 그 결과적 상태에 대해 훨씬 더 주관적이며, 훨씬 더 묘사적인데, 이는 상태보어를 구성할 수 있는 문법 형식의 다양성으로 입증할 수 있는 바이다.

  吃得饱饱的
  吃得很香
  吃得有滋有味
  吃得大家咂舌不已

반면 결과보어는 주로 단어만이 결합할 수 있다는 점에서 형식적 제한을 받고 그로 인한 의미적 제한을 받기도 한다.

상태보어는 이처럼 구조조사 '得'를 사용한다는 것 이외에 제약이 없는 편이다. 그럼에도 불구하고 한 가지 제약이 있다면 다음과 같다.

앞서 상태보어는 이미 일어난 동작, 일어난 적이 있는 동작의 결과적 상황을 표현하는 문법 형식이라고 정의하였는데, 이는 바꾸어 말하자면, 한 번도 경험하지 못한 동작이나 미래 혹은 가정의 사실에 대해서는 이 상태보어를 쓰지 못한다는 것을 의미한다.

> 他说汉语说得很流利。
> 그는 중국어를 아주 유창하게 말한다.

이 문장은 화자가 주어인 '그'가 중국어를 구사하는 것을 보고 그 동작에 대해 평가하는 문장이다. 만일 '그'가 중국어를 다른 사람 앞에서 말한 적이 없다면, 즉 중국어를 하는 동작을 실행한 적이 없다면 화자에게는 그가 중국어를 유창하게 하는 지에 대한 정보가 화자한테는 없을 것이다. 이러한 문장이 성립할 수 있는 기본 전제는 화자가 말하기 이전의 어느 시점에 그가 이러한 동작을 한 적이 있고, 화자가 그것을 직접 보거나 전달받아야만 이러한 발화가 가능하다.

그러므로 아직 일어나지 않은 동작, 미래의 상황 속에서, 혹은 가정이나 가설의 상황 속에서, 혹은 동작을 할 것을 명령하는 상황 속에서는 이 상태보어를 쓰지 못한다.

> *你要学得很认真
> → 你要认真学习。
> 열심히 공부해야 해.

자, 이제 상태보어의 형식에 대해 몇 가지 살펴보도록 하자.

상태보어는 하나의 단어에서부터 긴 문장에 이르기까지 어쩌면 가장 다양한 요소들로 구성될 것이다. 상태보어의 가장 간단한 요소로는 형용사를 들 수 있는데, 이때 형용사는 '很', '太', '非常'과 같은 정도 부사와 결합하였거나, 중첩된 형태, 혹은 수식구조를 가진 형용사로 제한된다.

  她说话说得很漂亮。
   그녀는 말을 아주 예쁘게 한다.

만일 보어로 쓰인 형용사가 이렇게 정도부사나 중첩형태, 수식구조의 형태가 아니라 단순한 성질 형용사의 형태로 쓰인다면 비교 대조의 의미를 포함하는 문장이 된다.

  他跑得快。(-你跑得慢)
  → 그는 빨리 달린다. (-너는 달리는 게 늦다)

또한 보어로 쓰인 형용사가 정도부사나 중첩형태, 수식구조의 형태가 아니라면 가능보어의 긍정문과 문법적 형태가 같아져서 가능보어로 오인될 수도 있다.

  他办事办得好。 ← 가능보어
   그는 일을 잘 처리할 수 있다.
  他办事办得很好。 ← 상태보어
   그는 일을 참 잘 처리한다.

이렇게 형용사나 형용사구로 간단하게 만들 수도 있지만 만일 그 상태의 내용을 보다 구체적으로 진술하고자 한다면 동사, 동사구 혹은 주술구조의 문장을 써서 상태보어를 구성하기도 한다.

  当晚我兴奋得根本无法入睡。
   그날 저녁 나는 너무 흥분해서 도저히 잠이 들 수 없었다.

상태 보어는 보어의 형식 뿐 아니라 전체 문장의 술어 또한 형식에 제약이 있다. 만일 술어가 형용사라고 한다면 그 형용사 술어는 상태보어 외 다른 수식 성분을 취할 수가 없다. 즉, 술어 앞에 정도부사가 있거나 형용사 술어가 중첩되어 있거나, 수식구조를 가진 형용사가 술어라면 그 문장은 상태보어를 가질 수 없다. 예를 들어 수식구조의 상태 형용사 '冰凉'은 '像冰一样凉'의 의미구조로 풀어 쓸 수 있는데, 여기에 상태보어를 첨가한다면 아래와 같은 형식이 될 것이다.

  *冰凉得刺骨 → *像冰一样凉得刺骨。

위의 예에서 술어 '凉'의 상태를 설명하는 성분은 부사어 '像冰一样'과 보어 '刺骨'가 있다. 이 둘은 한 문장 안에서 같이 쓰일 수가 없는데, 중국어는 대체로 한 문장 안에 같은 문법적 기능을 나타내는 장치를 하나 이상 잘 쓰지 않는 특징이 있기 때문이다. 이는 중국어가 가지는 언어 경제적 특징 중의 하나라고 할 수 있다.

따라서 '漆黑', '雪白', '笔直', '草绿' 등의 상태 형용사, '非常好', '太安静' 등의 정도 부사의 수식을 받는 형용사구, 혹은 '干干净净', '高高兴兴' 등의 중첩형식이 이미 술어로 쓰인 문장은 상태보어를 취하지 않는다.

*雪白得很白。

*非常忙得晕头转向呢。

▶ 상태보어와 구분되는 정도보어

상태보어와 정도보어는 나타내고자 하는 문법적 의미는 서로 비슷하지만, 이들이 활용되는 문장의 구조 등이 조금씩 다르다. 정도보어는 형용사나 심리동사의 정도를 나타내기 위해 술어 뒤에 쓰인 정도부사를 지칭한다.

我累极了。
너무 피곤해요.

我们高兴极了。
너무 즐거워요.

困死我了。
졸려 죽겠어요.

他为大家办事辛苦得很。
그는 모두를 위해 일을 하는데 너무 고생한다.

이러한 형식적 특징 이외 정도보어를 취하는 문장의 술어는 정도 부사의 수식을 받을 수 없거나, 중첩 형식일 수 없다는 점, 즉 상태 형용사가 술어라면 정도 보어를 쓸 수 없다는 점에서 서로 공통점을 가지기도 한다.

5. 경고 세 번만 더 받으면 바로 퇴장이야!
　너는 어떻게 나를 한 시간이나 기다리게 할 수 있어?
　▶ 수량보어

　위 두 문장에 공통점이 있다면 한다면 바로 수량의 개념이 동작과 결부되고 있다는 것이다. '경고를 세 번 받다', '한 시간 동안 기다리다'라는 사건을 서술하기 위해, 한국어에서는 이 수량사들을 모두 술어 앞의 부사어로 표현하지만 중국어에서는 이들을 술어 뒤에 위치시켜 보어로 처리한다. 이들이 바로 수량보어이다.

　　경고 세 번 받으면 바로 퇴장이야.
　　→ 如果你收到三次警告的话, 就要退场了。
　　너는 어떻게 나를 한 시간이나 기다리게 하니?
　　→ 你怎么能让我等一个小时呢?

　수량보어는 술어의 동작 횟수, 연속된 시간 등을 보충 설명하는 수량사이다. 동작의 횟수를 나타내느냐, 지속된 시간의 양을 나타내느냐에 따라 다시 동량보어와 시량보어로 나눌 수 있다.

　다른 보어와 마찬가지로 술어가 수량사를 보어 성분으로 가지고 온다면 그 문장에서 화제의 포인트는 술어가 아니라 바로 보어가 된다. 이는 앞서 결과보어 부문에서 결과보어 구문이 부정부사와 결합할 때 만들어지는 의미 구조와 같다. 즉, 수량보어를 가진 술어 앞에 부정부사가 오면 이 부정부사는 술어를 부정하는 것이 아니라 수량보어를 부정하는 것이다. 만일 동량보어와 함께 쓰였다면 동작의 양을 부정하는 것이고, 시량보어와 함께 쓰였다면 시간의 양을 부정한다.

我没有和她吃过两次饭。
　　나는 그녀와 두 차례 밥을 먹지 않았다.
→ 我没有和她吃过两次饭, 只吃过一次。
　　나는 그녀와 두 차례 밥을 먹은 것이 아니라 한 번 먹었다.

我没等她一个小时。
　　나는 그녀를 한 시간 기다리지 않았다.
→ 我没等她一个小时, 只等了二十分钟。
　　나는 그녀를 한 시간 기다린 것이 아니라 20분간 기다렸다.

그러나 모든 동량사, 시량사가 보어로만 활용되는 것은 아니다. 부사어로 활용되기도 하는데, 이때 그 문법적 의미는 분명 동량보어, 시량보어와 다르다.

만일 시간의 양을 나타내는 시량사가 술어 앞에서 부사어로 쓰였다면 그 부사어는 그 시간 내 동작이 완성되었거나 어떤 상황이 출현했음을 말한다. 즉, 얼마의 시간 동안 그 동작을 완성했다는 의미를 나타낸다는 것이다. 반면 시량보어는 동작이 진행된 시간을 나타낸다.

他五分钟吃光了一碗饭。
→ 그는 5분 동안 밥 한 공기를 다 먹었다.
← 그가 밥 한 공기 먹는 데 5분이 걸림

他吃一碗饭吃了五分钟。
→ 그는 밥을 5분 동안 먹었다.
← 밥을 먹는 데 5분이 걸림

이는 동량사도 마찬가지이다.

동량사로 된 부사어는 어떤 동작을 완성하는데 필요한 횟수를 가리키고 동량사로 된 보어는 동작이 진행된 횟수를 말한다.

我一拳就把他打到。
→ 나는 한주먹에 그 사람을 넘어뜨렸다.
← 단 한 방으로 그를 넘어뜨림

我打了他一拳, 没打到。
→ 나는 그 사람을 한 주먹 때렸는데, 넘어뜨리지는 못했다.

앞서 방향보어와 목적어의 어순이 복잡했던 것처럼 수량보어 역시 목적어가 무엇을 나타내는지에 따라 어순이 달라진다.

- 동사 + 수량보어 + 일반명사 목적어
→ **昨天我找了一个小时手机。**
　　어제 내가 한 시간 동안 휴대전화를 찾았어.
→ **昨天我找过了一次手机。**
　　어제 내가 휴대전화를 한번 찾았지.

- 동사 + 대명사/사람 목적어 + 수량보어
→ **昨天我找了你一个小时。**
　　어제 내가 너를 한 시간 동안 찾았지.

　昨天我找了妈妈一个小时。
　　어제 내가 엄마를 한 시간 동안 찾았지.

　昨天我找过了你一次。
　　어제 내가 너를 한 차례 찾아갔지.

　昨天我找过了妈妈一次。
　　어제 내가 엄마를 한 차례 찾아갔지.

시량보어와 동량보어가 동일하게 위의 어순으로 쓰이지만 각기 다르게 쓰이는 예도 있다. 시량보어는 일반명사 목적어를 가질 때 동사를 두 번 반복해서 쓰기도 하며,

- 동사₁+일반 명사 목적어+동사₁+시량보어
  → 昨天我找手机找了一个小时。
    어제 내가 휴대전화를 한 시간 동안 찾았지.

동량보어의 경우 목적어가 사람이나 장소를 나타낼 경우 동량보어 앞 뒤에 모두 올 수 있다.

- 동사+(구체적인) 인명/장소 목적어+동량보어
  동사+동량보어+(구체적인) 인명/장소 목적어
  → 昨天我找过了妈妈一次。
  → 昨天我找过了一次妈妈。
    어제 내가 엄마를 한 차례 찾아갔지.

수량보어와 목적어가 이러한 어순을 가지는 이유로 목적어 성분이 요구하는 비한정성을 들 수 있다. 앞서 중국어 문장은 문두의 명사성 성분은 한정적이어야 하며, 문미로 갈수록 비한정적인 성격을 지닌다는 점을 살펴보았다. 이 말은 이미 알고 있는 정보는 새로운 정보 앞에 온다는 것을 의미하므로 문장은 문미로 갈수록 비한정적인 내용, 즉 새로운 정보를 제공하게 되고, 따라서 문장의 초점 역시 문미에 있게 된다.

我问了他一个小时。
  내가 그 사람한테 한 시간 동안 물었어.
我问了他好几次。
  내가 그 사람한테 여러 번 물었어.

즉, 이 두 문장에서 화자가 말하고자 하는 새로운 정보는 그에게 묻는 동작을 '한 시간', '여러 번' 했다는 것으로 문장의 초점은 문미에 있다.

*我喝了一晚上他送欸我的极品茅台酒。

위의 문장이 틀린 이유는 한정성을 가진 목적어 때문이다. 이 경우 문장은 아래와 같이 수정되어야 한다.

→ 我喝了一晚上酒。
　　나는 저녁 내내 술을 마셨다.

혹은 목적어가 문두로 이동할 수도 있다.

→ 他送欸我的极品茅台酒, 我喝了一晚上。
　　그가 나에게 준 최상급 마오타이 술을 저녁 내내 마셨다.

수량보어는 술어가 중첩 형태인 문장에서는 사용할 수 없다. 왜냐하면 동사의 중첩 형태 자체가 이미 '한번 ~ 해보다'라는 동량보어의 개념, '잠시 ~ 해보다'라는 시량보어의 개념을 함축하고 있기 때문에 만일 수량보어 구문의 동사가 중첩되어 있다면 한 문장 안에서 두 개의 동량, 두 개의 시량 개념을 나타내는 셈이 된다.

*我们休息休息一下。
*我们休息休息五分钟。

부사어는 기본적으로 술어 앞에 놓인다. 만일 목적어가 있어 동사를 반복한다면 부사어는 두 번째 동사 앞에 놓여야 한다.

*我们要走大概十分钟。
→ 我们大概要走十分钟。
우리는 대략 십 분 정도 걸을 거예요.

이 문장을 해석한 문장에서 알 수 있듯 한국어 문장에서는 '대략'이라는 부사어가 시량사 바로 앞에 위치하기 때문에 이러한 문장을 중국어로 만들 때 동일한 어순을 적용하는 오류를 범할 수 있다. 중국어의 부사어는 기본적으로 술어 앞에 위치한다는 것을 잊으면 안 된다.

만일 목적어 때문에 동사를 두 번 반복할 경우 이 부사어는 두 번째 동사 앞에 위치한다.

*他学汉语学刚半年。
*他刚学汉语学半年。
→ 他学汉语刚学半年。
그가 중국어 공부한 지 막 반년이 되었다.

시량보어는 동량보어와 달리 술어로 쓰인 동사의 지속성 여부가 비교적 중요하다. 왜냐하면 술어가 지속성 동사인지에 따라 나타내는 의미가 달라지기 때문이다.

원래 시량보어는 동작이 진행된 시간의 양을 나타내지만, 만일 구문 속 술어가 비지속성 동사이면 시량보어는 동작이 발생한 후 경과된 시간을 나타낸다. 즉 '~한 지 (시간이) ~나 흘렀다'라는 의미를 나타낸다.

他离开家一年了。
그가 집을 떠난 지 일 년이 되었다.

我毕业两年了。

난 졸업한 지 2년이 되었다.

我到北京半年多了。
내가 북경에 도착한 지 반년이 넘었다.

   위 예문에서 술어로 쓰인 동사들은 모두 동작을 수행하는데 일정 정도의 시간이 필요한 동사들이 아니다. '离开'라는 동작을 한 시간 동안 한다/하루 동안 한다/한 달 동안 한다라는 표현이 어색한 이유는 이 동작이 그 시간 동안 지속해서 수행할 수 있는 것이 아니기 때문이다. 이는 아래 '毕业', '到'와 같은 동사도 마찬가지이다. 동자 자체가 지속성을 가지지 못하므로 이 동사들이 시량보어와 함께 쓰인다 해도 동작이 진행된 시간의 양을 나타내지 못하고, 동작을 완성하고 난 다음 경과된 시간의 양을 나타내는 것이다. 이때 경과된 시간의 양은 화자가 발화하는 현재 시간을 기준으로 하고 있으며 이는 문미의 '了'와 관련 있다. 이에 대해 다음 장에서 좀 더 자세히 알아보도록 하자.

술어와 조사 '了'

중국어의 문장 구조는 기본적으로 어순에 의해 결정되지만, 어순만으로 표현할 수 없는 문법 관계는 허사로 표현하기도 한다. 중국어의 조사 역시 허사 중 하나로 실제적인 의미 없이 다른 낱말이나 구, 문장의 뒤에 첨가되어 구조 관계, 동작의 상(相), 어조 등을 표현한다. 의미가 없으므로 이 조사는 모두 경성으로 발음되며, 그 숫자는 많지 않지만 담당하고 있는 문법적 역할은 아주 다양하고 중요하다.

조사는 나타내는 문법적 의미에 따라 크게 세 가지로 나눌 수 있다.

- 구조조사
  낱말, 구, 절, 문장 등의 상호 관계를 표시한다.
  的　地　得　所　似的

- 동태조사
  동사 뒤에 쓰여 동작이나 상황의 완료, 완성, 변화, 진행, 지속 등의 상태를 표시한다.
  着　了　过　来着　下去

- 어조조사
  문장의 끝에 쓰여 단정, 추정, 의문, 명령 등의 감정이나 어조를 표시한다.
  呢　吗　吧　啊　了　的　啦　嘛

이 중 동태조사는 동사에만 밀착되어 동작의 완료나 진행 등을 나타내는데, 한국어에는 일대일로 바꾸어 쓸 수 있는 형식이 없는 문법적 표지이기 때문에 많은 한국인 학습자들이 어려움을 겪는 부분이기도 하다. 동태조사라는 명칭에서 '동태'는 앞서 언급한 바와 같이 동작의 상태를 나타내며, 동작의 시제 즉, 과거와 현재, 미래와 같은 시제(時制)는 동태조사에 의해 표현되는 것이 아니라 주로 시간을 표시하는 부사어에 의해 표현된다. 이 동태는 시제와는 분명 다른 개념을 잊지 않아야 한다.

시제와 동태의 개념에 대해 다시 한 번 짚어보자.

    a. 나는 어제 친구들과 함께 영화를 보고 집으로 돌아갔어요.
    b. 나는 내일 친구들과 함께 영화를 보고 집으로 돌아가려고요.

일반적으로 동작의 완료는 과거시제와, 동작의 진행은 현재시제와 쉽게 연결시킬 수 있으므로 동태와 시제의 개념을 혼동하는 경우가 아주 많다. 그러나 이 둘은 분명 다른 개념으로 시제는 과거, 현재, 미래와 같이 동작이 일어나는 객관적인 시간을 말하며, 동태는 동작의 완료, 진행, 변화 등 동작의 상태를 말하는 것으로 객관적인 시간과는 관계가 없다. 과거 시간에서도 동작이 진행되었을 수 있고 미래 시간에서도 상황의 변화 등은 있을 수 있기 때문이다.

위의 두 예문은 시제가 다른 문장이다. a)는 어제 있었던 일이므로 과거 시제이고, b)는 내일 하게 될 일이므로 미래 시제이다. 그렇다면 이 문장들의 동작 상태, 즉 동태는 어떤 것일까? a)의 동작 (영화를) 보다와 (집으로) 돌아가다는 모두 완료된 동작이다. 즉, 두 동작동사의 동태는 모두 완료인 반면 b)는 첫 번째 동작을 완료하고 난 다음 두 번째 동작을 진행하겠다는 의미이므로, 첫 번째 동사 '보다'의 동태는 완료, 두 번째 동사 '돌아가다'의 동태는 미완료이다.

아래의 두 문장을 통해 시제와 동태의 개념을 다시 한 번 확인해보자.

a. 当时我在学校做着作业呢。
   당시 나는 학교에서 숙제를 하고 있었어요.

b. 现在我看着你离去。
   지금 나는 네가 떠나는 걸 보고 있어.

이 두 문장에도 시제를 나타내는 낱말이 명확하게 제시되어 있다. a)는 '当时'라는 시간사를 통해 이 사건이 '과거'의 사건임을 알 수 있으며 동작의 상태, 즉 동태는 동태조사 '着'를 통해 진행 상태임을 알 수 있다. b)의 경우 '现在'라는 시간사를 통해 이 사건이 '현재' 시제의 일이고, 동태조사 '着'를 통해 동작이 진행되고 있음을 알 수 있다. 정리하자면 첫 번째 문장은 시제가 '과거'이고 동태는 '지속(진행)'이고, 두 번째 문장은 시제가 '현재'이고 동태는 '지속(진행)'이다. 이는 경험을 나타내는 동태조사 '过'에도 똑같이 적용되는 현상이다.

明天你吃过饭再来吧。
내일 밥 먹고 다시 오렴.

'明天'은 미래를 나타내는 시제이지만, '过'가 '吃'라는 동작을 실현한 다음 오라는 의미를 나타내고 있다. 즉, 동작 '吃'의 동태는 완료가 된다.

중국어의 대표적인 동태조사는 경험을 나타내는 '过', 동작의 지속을 나타내는 '着', 동작의 완료를 나타내는 '了'이다.

'过'와 '着'는 그 용법이 비교적 명확하므로 외국인 학습자들이 크게 어려워하지 않으나 '了'는 시제와의 혼동, 어조조사 '了'와의 혼동 등으로 인해 많은 학습자들이 이해와 사용에 어려움을 겪는다. 그러므로 여기서는 조사 '了'에 대해 살펴보기로 한다.

조사 '了'는 그 문법적 의미와 용법에 따라 두 가지, 동태조사 '了'와 어조조사 '了'로 나누어진다. 동태조사 '了'와 어조조사 '了'를 가장 간단하게 비교하면 통사적 위치와 문법적 의미로 설명할 수 있다.

• 동태조사 '了'는 '동사+了 (+보어/목적어)'의 형식으로 동작의 완료을 표시한다.

• 어조조사 '了'는 '문장+了'의 형식으로 말하는 시점과 관련하여 새로운 상황으로의 변화됨을 표시한다. 즉, '~가 되었다'라는 의미를 나타내는 것이다.

    a. 他去了北京。
    b. 他去北京了。

이 두 문장은 각각 동태조사 '了'와 어조조사 '了'를 사용한 예다. 비교를 위해 각 조사의 문법적 의미를 부각시켜 해석해보면 a)의 예문은 '그는 북경으로 가는 동작을 완료했다', b)의 예문은 '그가 북경으로 간 것으로 상황이 변화되었다'라고 할 수 있다. 다시 말해 동태조사 '了'가 사용된 a)의 문장은 단지 동작이 완료되었다는 정보만을 제공할 뿐 그 동작이 현재와 관련되어 어떠한 상황인지는 설명해주지 않는다. 그러므로 그가 북경으로 간 것은 맞는데 지금도 북경에 있는지, 북경에서 돌아왔는지는 알 수가 없다. 반면 b)의 문장은 어조조사 '了'로 인해 상황의 변화가 현재와 관련됨을 설명해주고 있으므로 그가 지금 현재 북경에 있음을 알려준다.

다시 아래의 예를 보자.

    a. 这本书我看了三天。

b. 这本书我看了三天了。

　　동태조사 '了'만 쓰인 a)의 문장은 '이 책을 내가 3일 동안 보는 동작을 완료했다'는 정보만을 제공한다. 물론 여기에는 책을 본 시간만 제시될 뿐, 책을 다 보았다는 정보는 없다. 반면 어조조사 '了'가 쓰인 b)는 '이 책을 내가 3일 동안 보았고 그 상황은 현재와도 관련되는 변화이다'라는 사실을 나타낸다. 따라서 이와 같은 문법적 의미에 근거하여 두 문장을 번역하면 아래와 같다.

　　a' 이 책은 내가 3일 동안 보았다.
　　b' 이 책은 내가 3일째 본다.

　　이처럼 동태조사 '了'와 어조조사 '了'를 모두 사용할 경우 주로 수량보어나 수량사의 수식을 받는 목적어가 온다. '동사+了+수량사(+명사)+了'의 형식은 동작이 시작되거나 완성된 후 현재까지의 시간의 흐름, 동작의 횟수, 목적어와 관련된 수량의 변화 등을 설명한다.

　　妈妈买了十本英语书了。
　　　　엄마가 영어책을 10권째 사셨어.
　　← 이미 10권을 샀고 그 상황이 지금까지 이어짐

　　他学了两年汉语了。
　　　　그는 2년째 중국어 공부를 하고 있어.
　　← 2년 동안 공부를 했고 그 상황이 지금까지 이어짐

　　이와 같은 문법적 차이를 염두에 두고 이 두 조사에 대해 좀 더 세부적으로 살펴보기로 하자.

1) 동태조사 '了'

동태조사 '了'는 동작이 완료되었음을, 또는 성질이나 상태의 발전 변화가 완료되었음을 표시한다. 이 완료는 과거 시제에만 국한되지 않고 현재, 미래에도 사용될 수 있음을 잊지 않아야 한다.

과거라는 시제 속에서 동작은 모두 완료된 동작임을 전제로 한다. 그러므로 과거를 나타내는 시간사가 있는 문장에서 동작 동사는 동태조사 '了'를 수반하는 경우가 많다.

我已经交了作业。
저는 이미 숙제를 제출했어요.

老师们已经说好了那个问题。
선생님들께서 이미 그 문제에 대해 잘 말씀해주셨어요.

만일 과거시제의 사건이라고 해도 문장 속에 '一直', '常常', '经常', '往往', '总是', '每天', '每年'과 같이 반복성을 나타내는 단어가 있다면 동태조사 '了'는 쓸 수 없다. 왜냐하면 동태조사 '了'를 쓴다는 것은 동작에 마침표를 찍는 것을 의미하기 때문에, 그 다음에 또 똑같이 반복하게 되는 동작에 대해서는 '了'를 쓰지 않는다.

*几年前, 我每天早上替妈妈做了早饭。
→ 几年前, 我每天早上替妈妈做早饭。
몇 년 전, 나는 매일 아침마다 엄마 대신 아침식사를 차렸다.

그러나 그 과거에서 반복적으로 행했던 동작이 둘 이상이고 첫 번째 동작이 완성된 다음 두 번째 동작을 진행하는 사건이라면 첫 번째 동사 뒤에 완료를 의미하는 동태조사 '了'를 쓸 수 있다. 즉, 사건 전체에 대해서는 '了'를 쓸 수 없으나 두 동작의 시간적 선후에 따라 첫 번째 동작이 완료된 다음 두 번째 동작이 이어짐을 설명하는 문장이라면 첫 번째 동작 동사 뒤에 '了'를 쓴다.

→ 几年前, 我每天早上替妈妈做了早饭去学校。
몇 년 전, 나는 매일 아침 엄마 대신 아침 식사를 차리고 학교에 갔다.

과거 시제의 사건임에도 '了'를 쓸 수 없는 예가 또 있다.

*昨天下了雨, 但他竟然来看我。

위 문장은 비록 과거를 나타내는 시간사 '昨天'이 쓰였지만 동태조사 '了'가 쓰일 수 없다. 이 문장을 말하는 시점이 오늘이고 사건은 어제 일어난 일이므로 사건 전체가 이미 완료된 것은 맞다. 그러나 이 문장을 발화하는 시점, 즉 오늘을 기준으로 할 때 비가 내리는 사건은 이미 완료되어 더 이상 내리지 않지만, 그가 나를 찾아오는 동작 시점을 기준으로 할 때 비가 내리는 사건은 완료된 것이 아니라 진행 중이다. 바꾸어 말하면 비가 내리고 난 후 그가 찾아온 것이 아니라, 비가 내리는 중에 그가 찾아왔으므로 과거 시제 속에서 진행되고 있는 동태를 나타내기 위해 '了'를 '着'로 바꾸어 주던지, 아예 '了'를 생략하는 것이 좋다. 그리고 만일 동작의 완료를 나타내는 '了'가 쓰인다면, 그가 나를 보러 온 동작은 이미 완료된 동작이므로 '来看' 뒤에 동태조사 '了'를 쓴다.

→ 昨天下(着)雨, 但他竟然来看了我。
어제 비가 내리는데도 뜻밖에 그가 나를 찾아왔다.

그러나 앞서 살펴보았듯 동작의 완료, 혹은 완성이 언제나 과거 시제 속에서만 존재하는 것은 아니다. 미래 시제나 가설 속에서 완성을 기대하거나 예상하는 동작을 나타낼 때도 쓸 수 있다.

  等爸爸来了, 一块儿吃饭吧。
   아빠 오시기를 기다렸다가 같이 밥 먹자.

  即使你说错了, 我们还是相信你的善意。
   비록 네가 잘못 말했다고 해도 우리는 그래도 너의 선의를 믿어.

이 예시문들은 미래에 일어날 사건, 가설 속의 사건을 이야기하고 있다. 미래 혹은 가설 속의 동작이라고 해도 첫 번째 동작이 완성되고 난 후 두 번째 동작을 진행하는 되는 의미구조라면, 첫 번째 동사 뒤에 동태조사 '了'를 쓰는 것이 자연스럽다.

이렇게 동작이 차례대로 일어나는 문장 구조가 아니면 첫 번째 동사 뒤에는 동태조사 '了'를 쓰지 않는다.

  *我们坐了火车来到北京。
  → 我们坐火车来到了北京。
   우리들은 기차를 타고 북경에 도착했다.

이 문장의 경우 첫 번째 동작이 완성되고 난 다음 두 번째 동작이 진행되는 동작의 순차성을 말하는 것이 아니라, 첫 번째 동작이 두 번째 동작의 방식을 설명하고 있다. 즉 북경에 가는데 기차 타는 방식을 취했다는 것으로 동작의 완료를 표현하는 것이 아니므로 첫 번째 동사 뒤에 동태조사를 쓰지 않는 것이다.

2) 어조조사 '了'

문장의 끝에 놓여 상황의 변화, 생각이나 인식의 변화를 나타내거나 확신이나 의지 등의 어감을 나타내기도 한다. 여기서 말하는 변화는 단순히 '~에서 ~로 변했다'는 의미가 아니다. 주로 동작 동사와 함께 쓰여 동작이 일어나지 않은 상태에서 일어난 상태로 변화했음을 나타내며, 또한 동작이 완성되지 않은 상태에서 완성된 상태로 변화했음을 나타내기도 한다.

    下雨了。
      비가 내린다.

조금 전만 해도 비가 오지 않았는데 창밖을 보니 어느 순간부터 비가 내리는 상황으로 변했다는 의미를 나타낸다. 단순히 비가 내리는 것을 말하는 것이 아니라 비가 오는 상황으로 변화했음을 화자가 인지했다는 어감을 나타낸다.

    十点了。
      열 시가 되었다.

어느새 열 시를 가리키고 있는 시계를 보며 이전에 화자가 인식하던 시간과 다르게 변화했음을 나타낸다.

중국어의 동작 동사는 결과보어를 동반하는 경우가 많은데 결과 보어가 나타내는 결과적 요소가 어조조사와 함께 쓰여 동작의 미완성에서 그러한 결과를 가지는 완성으로 '변화'했음을 나타낸다.

    老师布置的作业作完了。
      선생님이 내주신 숙제는 모두 다 했다.

    你的袜子妈妈帮你洗干净了。
      네 양말은 엄마가 깨끗이 빨아주셨어.

동작이 진행되다가 정지될 때도 마찬가지로 어조조사를 쓸 수 있다. 동작이 진행되던 상태에서 정지하는 상태로 변화하였으므로 이 역시 상황의 변화를 나타내는 한 예라고 할 수 있다.

    我一进来, 大家都不说话了。
      내가 들어가자 모두들 더 이상 아무 말 하지 않았다.

변화의 느낌이 비교적 잘 드러나는 문장은 형용사가 술어로 쓰인 문장이다. 형용사 술어 뒤의 어조조사 '了'는 사물의 성질, 상태에 변화가 일어남을 나타낸다.

    天气突然好了。
      날씨가 갑자기 좋아졌다.

    你看起来太年轻了。
      너 아주 젊어진 것 같아.

조동사 뒤에 쓰이면 능력이나 희망 등 그 조동사가 나타내는 의미의 변화를 나타내기도 한다.

我又想去了。
　　나는 또 가고 싶어.

他能看懂中文电影了。
　　그는 중국 영화를 보고 이해할 수 있게 되었다.

　　유의할 점은 이 변화가 현재 시점을 기준으로 해서 인지하는 변화라는 점이다. 어조조사 '了'는 현재라는 참조 시간을 포함하는 개념이다.

我等了他一个小时了。
　　→ 내가 그를 기다린 지 한 시간이 되었다.
　　→ 나는 한 시간째 그를 기다리고 있다.

我的小狗死了已经3年了我还没忘记她。
　　→ 나의 강아지는 죽은 지 이미 3년이 되었지만 나는 여전히 잊지 못하고 있다.

　　이 두 문장에서 첫 번째 '了'는 동작의 완료를 나타내는 '了'이고, 두 번째 '了'는 그 이후로 시간이 현재까지 이르렀음을 나타내는 어조조사 '了'이다. 즉 현재 시점을 기준으로 해서 각각 한 시간, 혹은 3년에 이르렀음을 나타낸다.

我这样开始抽烟以后, 十年来一直吸烟。
　　이렇게 담배를 피우기 시작한 이후, 십 년 간 계속 담배를 피웠어.

　　이 문장은 비록 십 년이라는 시간이 지금을 기준으로 계산된 시간이긴 해도 어조조사 '了'가 문장 끝에 함께 쓰일 수 없다. 왜냐하면 이 문장에서는 담배를 피우는 행위를 시작하고 지금까지 십년이 흘렀다는 것을 나타내는 문장이 아니라 지난 십 년 간 계속해서 담배를 피워왔다는 반복적 사건을 서술하는 문장이기 때문이다. 만일 담배를 피운 지가 십 년이 되었다는 의미라면 시량보어와 어조조사 '了'를 써서 표현할 수 있다.

我抽烟抽了十年了。
나는 십 년 째 담배를 피우고 있어.

그렇다면 아래의 문장에서 '了'의 역할은 무엇인지 생각해보자.

我已经不抽烟了。
나는 이미 담배를 피우지 않아.

위의 문장은 '已经'이라는 과거 시간사를 쓰고 있으나 '了'가 동사 뒤가 아닌 문미에 놓여져 있는데, 여기서 '已经'은 동작이 일어난 시점을 가리키는 것이 아니라 상황의 변화 시점을 나타내어 주는 것이기 때문이다. 문미의 '了'는 '已经'이라는 시점을 기준으로 해서 일어난 변화가 지금까지 이어져 오고 있음을 표현한다.

물론 어조조사 '了'가 변화의 어조만을 나타내는 것은 아니다.

명령을 하거나 제지하는 문장, 정도가 높거나 수량의 많음 등을 강조할 수 있다.

别吵了。
싸우지마.

不要再说了。
더 이상 말하지 마.

我说他一百遍了, 他还是没变。

내가 그에게 백번을 말했는데도 그는 여전히 안 변해.

이 조사의 의미와 역할을 이해했다면 아래의 한국어 문장들로 '了'의 역할을 다시 이해해 보자.

우선 한국어 문장이 동작(사건)의 완성과 상황(사건)의 변화 중 무엇을 나타내는지 판단하고, 만일 동작의 완성을 표현하고 있다면 중심 술어를 찾아 동태조사 '了'와 결합할 수 있는 조건인지 판단하도록 한다. 만일 상황의 변화를 표현하는 문장이라면 문미에 어조조사 '了'를 사용하여 문장을 완성할 수 있는지 그 여부를 판단하도록 한다.

- 그 사람 바로 어제 북경 가는 비행기를 탔어.

이 문장은 어제라는 과거 시간사로 인해 과거에 일어난 일이 분명한 사건을 나타낸다. 그리고 북경 가는 비행기를 탔다는 사실만을 말할 뿐 사건이 현재 시점과 연관되어 있는지에 대한 다른 정보 없이 과거에 이미 완성된 동작만을 설명할 뿐이다. 동작의 완성을 나타내는 동태조사 '了'의 문법적 의미에 전형적으로 부합하는 사건이라고 할 수 있다. 따라서 타다를 주요 동사 술어 뒤에 동태조사 '了'를 쓰는 것이 좋다.

→ 他就昨天坐了飞往北京的飞机。

- 나 방금 양치했어, 아무것도 안 먹을 거야.

'방금'이라는 낱말은 말하고 있는 시점보다 바로 조금 전을 가리킨다. 그 시간적 격차가 얼마 되지 않기 때문에 경우에 따라 말하고 있는 시점과 같은 때를 가리키기도 하지만, 이 문장에서 방금은 이미 동작이 완료되었음을 지시하기에 충분하다. 비록 시간적 격차는 현재와 많이 떨어져 있지 않지만 동작은 현재까지 더 이상 지속되지 않고 있으므로 동태조사 '了'를 쓰기에 충분하다.

→ 我刚刷了牙, 什么都不吃。

• 나는 집을 사고 결혼을 하려고요.

이 문장은 아직 일어나지 않은 사건을 나타내고 있다. 분명한 시간사가 제시되어 있지는 않지만 미래의 어느 한 시점에 집을 사고 나면 결혼을 하겠다는 것이다. 집을 사는 사건이 완료되고 나면 두 번째 사건이 진행될 것임을 의미하는 것이므로 첫 번째 사건의 완료를 나타내 줄 요소가 필요하다. 즉, 첫 번째 동사는 미래 시제의 동작 완료형이라고 할 수 있다. 이 역시 동태조사 '了'의 자주 쓰이는 용법 중 하나로서, 첫 번째 동작 술어 뒤에 동태조사 '了'를 써서 이러한 문법 의미를 나타낼 수 있다.

→ 我买了房子就要结婚。

• 그때 나는 자고 있었어.

'그때'는 과거의 어느 한 시점을 가리키는 낱말이다. 그리고 '자다'라는 낱말 역시 동작을 나타내므로 동작의 완성을 나타내는 '了'와 함께 쓸 수 있어 보인다. 그러나 이 문장의 '자고 있었다'라는 동작은 그 시점에서 마무리가 된, 즉 완성된 동작이 아니라 그 시점 이전부터 지속되어 온 동작을 표현하고 있다. 과거 시제의 동작 진행형이다. 따라서 이 문장에는 '了'가 아닌 동작의 진행이나 지속을 나타내는 동태조사 '着'가 동사와 결합해야 한다.

→ 那时候，我在睡着觉。

- 어렸을 때 나는 항상 어린이 그림책을 읽었어.

이 문장 역시 '어렸을 때'라는 과거 시간과 '읽다'라는 동작이 제시된 문장이므로 동태조사 '了'와 함께 구성할 수 있을 것 같지만 동작이 '항상' 반복적으로 일어났기 때문에 '了'를 쓸 수 없다. 비록 과거의 일이라고 해도 습관적으로 하는 동작이거나, 반복적으로 혹은 지속적으로 일어나는 동작은 동작의 완성 개념과 어울리지 못한다.

→ 我小的时候经常看儿童画册。

- 중국어를 처음 배울 때, 한자가 너무 어려웠어.

이 문장이 설명하는 사건도 과거의 사건이다. 비록 과거의 사건을 나타내기는 하지만 술어가 동태조사 '了'와 결합할 수 있는 성질의 것이 아니다. 이 문장의 중심 술어는 '어려웠어'로 감각이나 심리를 나타내는 동사류이다. 심리 활동을 나타내는 동사들은 구체적인 동작을 표현하는 것이 아니며, 그리고 그 자체가 심리적인 상태가 지속되는 의미를 포함하고 있으므로 완성 혹은 완료의 개념과 함께 쓰일 수가 없다. 감각을 느끼는 것은 동작이 아니며, 한자가 어렵다고 느낀 것은 어느 정도의 시간 동안 지속된 심리 상태이다. 따라서 위의 문장은 비록 과거의 어느 한 시점에 있었던 사건을 설명하지만 동태조사 '了'를 쓸 수 없다.

→ 开始学习汉语的时候，我觉得汉字太难。

- 그때만 해도 나는 아주 뚱뚱했었지.

이 문장도 위의 예와 동일하게 설명할 수 있다. 그때라는 과거 어느 시점의 사건이기는 하지만 중심 술어가 '뚱뚱했었지'로 동작을 나타내는 것이 아니라 외형을 묘사하는 형용사이기 때문이다. 따라서 동태조사 '了'와 함께 쓸 수 없는 문장이다.

→ 那个时候, 我真的很胖。

- 2년 전까지만 해도 나는 대학생이었어.
  결혼 전에 엄마는 선생님이셨어.

살펴보아 온 것처럼 한국어 과거 어말 어미 '-었'은 중국어 조사 '了'와 일대일로 대응되는 요소가 아니다. 물론 '-었'과 '了', 두 성분 모두 동작의 완료를 나타내기는 하지만 문장 내 여러 제약과 조건까지 모두 일치하는 것은 아니기 때문이다. 위의 두 문장 역시 이런 조건들이 일치하지 않는 예에 속한다. 두 문장 모두 과거 시제의 사건이지만 동작성이 없는 문장으로 동태조사와 결합할 수가 없다. '-이다', '-아니다'와 같이 판단을 나타내는 낱말은 동작을 표현하지 않기 때문에 동태의 개념이 개입될 여지가 없다.

→ 两年前我还是个大学生。
→ 结婚前, 妈妈(曾经)是个老师。

- 교통사고 이후 아버지는 운전 안 하셔.

이제는 운전을 하지 않는다는 것은 이전에는 운전을 했다는 사실을 전제로 한다. 그렇다면 이 문장은 운전을 하던 상황에서 이제는 하지 않는 상황으로 변화하였음을 나타내기 때문에 문미에 어조조사 '了'를 써서 이러한 변화를 나타내어야 한다.

→ 交通事故以后, 爸爸不开车了。

만일 이 문장에 어조조사가 결합되지 않고 단순히 '爸爸不开车'이라고 한다면 지금 이 순간에 운전을 하지 않고 있다는 사실을 말할 뿐 이전과 다른 상황으로 변하였다는 사실은 표현할 수가 없다.

• 내 딸이 선생님이 되었어.

'-되다'라는 동사는 새로운 신분이나 지위를 가질 때, 다른 것으로 바뀌거나 변할 때 쓰는 표현이다. 기본적으로 변화를 수반하는 단어이며 따라서 이러한 문장들은 중국어 어조조사 '了'와 호응할 수 있다.

→ 我的女儿是老师了。

• 내가 이 일을 한 지도 벌써 십 년이 지났어.

이 문장에서 말하는 십 년이라는 시간은 말하는 지금의 시점을 기준으로 한 것이다. 바꾸어 말하면 이 일을 십 년 째 하고 있다는 것으로 현재 시간이 참조점임을 알 수 있다. 이 경우 문미에 어조조사 '了'를 써서 이 시간이(혹은 이 상황이) 현재까지 이어지고 있음을 표현하도록 한다.

→ 我做这份工作已经过了十年了。

지금까지 살펴보았듯이 조사 '了'는 한국어에 일대일로 대응할만한 문법적 형식이 없기 때문에 많은 학습자들이 개념에서부터 익히기 어려워하는 부분이다. 물론 상술한 내용 이외 더 많은 기능과 용법들이 있지만 우선 이들이 문장 내에서 어떤 역할을 하는지 익혀 그 개념을 잡는 것이 더욱 중요하다. 독해 텍스트를 접할 때 이러한 조사가 포함된 문장을 보게 되면 앞뒤 문맥이나 상황을 바탕으로 이 조사들이 어떤 의미로, 어떤 기능을 하고 있는지 살펴봄으로써 이에 대한 감각을 익히는 것도 좋다.

III. 특수한 문장 형식

 문장의 의미는 기본적으로 문장을 구성하고 있는 어휘의 조합에서 산출되어 나온다. 그런데 단순히 어휘의 조합만으로는 화자의 의사나 의도를 모두 표현할 수 없는 때가 있는데, 이런 경우에는 어휘들을 모종의 틀, 즉 특정한 문법 형식에 맞추어 단순히 어휘의 조합이상의 의미를 만들어내기도 한다. 이러한 특정한 문법 형식을 중국어 문법에서는 특수구문으로 칭하여 따로 구분한다.

'把'구문

엄마 얘기를 너무 맘에 담아두지 마, 엄마도 속상해서 그러신 거야.
→ 你不要把妈妈的话放在心上，她也是因为伤心才这样的。

 중국어 문장의 기본 어순은 '주어-술어-목적어'이지만, 언제나 이와 같은 순서만을 고집하지는 않는다. 이 기본 어순만으로는 화자가 말하고자 하는 모든 의도를 드러내기 힘들기 때문에 다른 문법적 장치를 고안해내야 하는 경우가 많다. 예를 들어, 목적어를 강조하고 싶을 때는 술어 앞이나 문두로 이동하기도 하고, 때로는 '把'와 같은 문법적 도구를 활용해 술어 앞에 위치시키기도 한다. '把'가 동사 뒤의 목적어를 동사 앞으로 끌어내는 문장을 '把字句', 즉 '把'구문이라고 하는데, 그렇다고 해서 '把'구문이 단순히 어순만을 변화시키는 것은 아니다.

'把'로 목적어의 이동을 유도하는 것은 동작 주체인 주어가 행한 동작의 결과가 '把'의 목적에 어떤 변화를 가져오거나 영향 등을 미쳤음을 강조하기 위한 것이다. 이러한 변화나 영향을 중국어에서는 '处置'라고 하는데, 우리말로 번역할 경우 가장 적당한 단어가 아마도 '처치'일 것이다. 정리하자면 '把'자문은 '把'구문의 주어가 '把'의 목적어에 대해 어떤 처치를 가하였고 그 결과 '把'의 목적어가 어떠한 영향을 입었다라는 의미를 표현한다고 할 수 있다.

이러한 문법적 의미를 구현하기 위해서는 문장 내 같이 쓰이는 여러 단어들 또한 이러한 문법 의미에 부합할 수 있는 조건을 갖추어야 하며, 이 조건들이 '把'구문의 문법적 형식을 만들어 낸다. 여기서는 '把'구문이 표현하고자 하는 문법적 의미와 이 의미가 어떠한 문법적 형식을 만들고 제한하는지, 그 관계에 초점을 맞추어 살펴보도록 하자. 문법을 지탱하는 논리적 측면이 가장 잘 드러나는 구문이라고 할 수 있다.

1) '把'구문의 문법적 의미

'把'구문이 나타내고자 문법적 의미를 다시 정리하면 아래와 같이 설명할 수 있다.

> 동작의 주체인 주어가 모종의 동작을 행하고, 그 결과 혹은 영향이 목적어에 미쳤음을 강조하기 위해 술어 뒤의 목적어를 '把'의 유도로 술어 앞에 위치하게 한다.

'把'구문의 문법적 형식은 사실 이 문법 의미 안에 모두 집약되어 있다고 해도 과언이 아니다. 위의 내용을 더 간단하게 요약하자면 주어가 동작을 하고, 동작의 결과(혹은 영향)가 목적어에 미친다는 것으로 여기에 3가지 핵심 요소가 제시되어 있음을 알 수 있다. 이 3가지는 (동작의 대상인) 목적어, 동작, 동작의 결과 및 영향이다.

(1) 목적어

'把'구문의 목적어는 어떤 영향이나 변화를 겪게 되는 대상이다. 따라서 이 대상은 화자나 청자가 이미 알고 있는, 한정적 대상이 된다. 문법에서 '한정적이다'라는 말은 대체로 특정하다, 확정적이다라는 말로 바꾸어 설명할 수 있는데, 대부분 앞 문장에 이미 제시된 적이 있거나 화자나 청자의 인지 속에 이미 존재하는 대상인 경우가 많다. 이렇게 대상이 '한정적'이라면 그 '한정적'이라는 의미 또한 문법 형식으로 표현될 수 있는데, 지시 대명사로 그 대상을 지목한다든지, 다른 대상과 구별될 수 있는 내용의 관형어를 쓴다든지 하는 것이다.

> 我把这个消息告诉了他。
> 　내가 그 소식을 그에게 알려주었어요.
>
> 马上把他们送进医院。
> 　그들을 바로 병원에 보내도록 해라.

목적어가 대명사이거나 대명사와 함께 구성된 단어구라면 그 목적어는 화자와 청자가 이미 알고 있는 한정적인 대상임이 분명하다. 위의 예에서 이 소식이 무엇인지, 그들이 누구인지 만일 청자가 알지 못한다면 화자는 대명사로 그것 혹은 그를 지시할 수 없을 것이기 때문이다.

그러나 설사 '把'의 목적어가 한정성을 나타낼 수 있는 형식적 요소를 갖추지 않았다 해도 앞뒤 문맥 속에서 화자와 청자가 인식하고 있는 대상임은 분명하다.

他把书还给你了, 别的就不说吧。
그가 책을 너에게 돌려주었으니 다른 얘기는 더 하지 말자.

위의 예처럼 대명사도 아니고, 관형어도 없는 등 그 목적어가 특정한 대상임을 알려주는 정보가 없다 해도 앞뒤 문맥이나 실제 발화 상황 속에서 그 목적어는 이미 화자가 청자가 알고 있는 대상이어야 한다.

(2) 동작

문장 속에서 동작을 나타내는 단어는 주로 술어로 표현되며 문장의 중심 내용을 설명한다. 따라서 이 동작과 관련하여 '把'구문의 술어가 어떠한 제약을 가지는지 살펴보자.

- '把'구문은 술어의 목적어를 앞으로 유도해내는 문장이므로 기본적으로 술어는 목적어를 가질 수 있어야 한다. 즉, 목적어를 가지지 않는 자동사, 형용사는 제외된다.

　　*风把我的自行车倒了

'倒'가 넘어지다라는 의미를 가질 때는 자동사로만 활용될 뿐 무엇을 넘어뜨리다의 타동사 역할을 하지 못한다. 따라서 이 문장은 목적어를 취하지 못하는 자동사가 술어로 활용되어 틀린 문장이 된다. 이때 해당하는 타동사가 있다면 그 타동사로 대치시켜주면 간단하지만 해당하는 타동사가 없는 경우 보어구문을 활용할 수 있다.

→ 风把我的自行车吹倒了。
바람이 자전거를 넘어뜨렸다.

중국어는 일부 자동사가 결과보어와 목적어를 취하여 사동의 의미를 나타내기도 한다. 이 때 결과보어는 주어의 결과적 상태를 나타내는 것이 아니라 목적어의 결과적 상태를 나타내는 것이어야 한다.

她喊哑了嗓子。
→ 她的喊让嗓子哑了。(그녀의 고함이 목을 쉬게 했다)
→ 她喊了, 嗓子哑了。(그녀가 고함을 질렀다, 그 결과 목이 쉬었다)
➜ 그녀가 고함을 질러 목이 쉬었다.

孩子哭醒了我。
→ 孩子的哭让我醒了。(아이의 울음이 나를 일어나게 했다)
→ 孩子哭, 我醒了。(아이가 울었다. 그 결과 나는 일어났다)
➜ 아이가 울어서 내가 깼다.

이렇게 자동사 구문이 결과보어와 목적어를 가져 사동의 의미를 나타내게 된다면 '把'구문을 쓸 수 있다.

她喊哑了嗓子。 → 她把嗓子喊哑了。

孩子哭醒了我。 → 孩子把我哭醒了。

- 반대로 목적어를 이미 가지고 있는 동목 이합사의 동사들도 이 구문의 술어가 되지 못한다. 왜냐하면 이들이 술어로 쓰인다면 한 문장 안에 두 개의 직접 목적어, 즉 '把'의 목적어와 동목이합사 내의 목적어가 동시에 출현하게 되는 것인데, 중국어는 한 문장 안에 두 개의 직접 목적어가 올 수 없기 때문이다. 한 문장 안에 두 개의 목적어가 출현한다면 그것은 하나의 직접 목적어와 하나의 간접 목적어일 것이다.

술어가 동목 이합사라면 문장 내 두 개의 직접 목적어가 존재하는 셈이 되므로 '把'자문을 쓸 수가 없지만,

  *你把我的朋友见面了没有？
  → 你见我朋友的面了没有？
    너는 내 친구를 만났니?

술어가 이중목적어를 가지는 문장이라면, '把'자문을 쓸 수 있다.

  当时大将军交给他了这个任务。
  → 当时大将军把这个任务交给他了。
    당시 장군이 그에게 이 임무를 맡겼다.

- '把'구문의 술어는 상황을 변화시키거나 어떤 대상에 영향을 미침으로써 모종의 결과를 만들어 낼 수 있는 단어이어야 한다. 이런 결과는 대체로 동작을 통해서 만들어지므로 '把'자문의 술어는 동작을 나타내는 동작 동사여야 한다. 동작을 나타내지 못하는 동사로는 판단을 나타내는 동사, 존재를 나타내는 동사 등이 있으며, 사람의 심리 상황을 나타내는 동사, 사람의 인지적 활동을 나타내는 동사들 역시 어떠한 구체적 행위를 설명하지 못한다. 따라서 여기에 속하는 동사들은 모두 '把'구문의 술어

가 되지 못한다. 또한, 동사는 아니지만, 동사와 더불어 술어를 구성하는 다른 품사로 형용사가 있다. 상태를 나타내는 이 형용사 역시 동작을 구현하지 못하므로 '把'구문의 술어가 되지 못하고 방향을 나타내는 방향동사도 '把'구문의 술어가 되지 못한다.

　　*他们就会把你是难得的知己。

위의 예는 판단동사 '是'가 술어로 쓰인 문장이다. 우리말로 '~이다', '~되다' 등의 의미를 나타내는 판단 동사는 말 그대로 '이다/아니다'식의 판단만을 제시하기 때문에 아무런 동작을 나타내지 못한다. '把'구문이 표현하고자 하는 의미를 나타내기에 적합하지 않은 동사이다. 이러한 구문을 '把'구문으로 표현하고자 한다면 술어와 유사한 의미가 있는 단어를 술어로 취하고 결과보어를 덧붙여 쓸 수 있다.

　　→ 他们就把这你当成难得的知己。
　　　　그들은 너를 얻기 힘든 친구라고 여기게 될 것이다.

앞서 사람의 심리적 활동을 나타내는 동사, 인지 활동을 나타내는 동사들도 '把'구문에 쓰지 못한다고 하였다. 이 동사들은 모두 심리, 두뇌 활동을 표현하는 것으로 동작과 관계가 없고, 동작이 없으니 어떠한 결과적 상황을 만들어 낼 수가 없기 때문이다.

　　*我深深地把乡村的生活方式爱上了。
　　→ 我深深地爱上了乡村的生活方式。
　　　　나는 점점 더 깊이 시골의 생활방식을 좋아하게 되었다.
　　*同事们都把我的苦衷理解了。

→ 同事们都理解了我的苦衷。
　　　동료들이 모두 나의 고충을 이해해주었다.

*他把事情的全部经过知道了。
→ 他知道了事情的全部经过。
　　　그는 일의 전 과정을 알고 있다.

　　방향을 나타내는 방향동사, 이동을 나타내는 이동 동사 역시 어떠한 결과를 만들어 낼 수 있는 동작을 표현하지 못한다. 주어가 목적지로 이동하고, 방향을 정한다면 그것은 주어가 있는 장소의 이동을 의미할 뿐 그것이 목적지에 어떠한 결과나 영향을 주지는 못하기 때문이다.

*她在回家的路上把卖日用品的商店走进了。
→ 她在回家的路上走进了卖日用品货的商店。
　　　그녀는 집으로 돌아가는 길에 일용품 파는 가게에 들어갔다.

　　형용사가 '把'구문에 쓸 수 없는 이유 역시 이와 같이 설명할 수 있다. 다만 그 형용사가 어떠한 동작의 결과를 나타내는 결과보어로 활용한다면 해당하는 동작을 나타낼 수 있는 동사를 술어로 써서 위와 같이 '把'구문을 만들어낼 수 있다.

*他瞥了我一眼, 把声音小了。
→ 他瞥了我一眼, 把声音放小了。
　　　그는 나를 힐끗 쳐다보고는 목소리를 낮추었다.

(3) 동작의 결과 및 영향

'把'구문의 술어가 어떠한 결과를 낼 수 있는 동작 동사이어야 하는 것처럼 그러한 결과나 변화, 영향의 내용을 설명할 수 있는 성분 또한 문장 내 있어야 한다. 이는 주로 술어 뒤에서 술어를 보충해주는 기타 성분들로 표현되는데, 사람의 인지 과정은 동작에서 동작 결과로 이어지므로 이를 나타내는 문장 역시 이와 동일하게 술어에서 술어의 결과성분으로 구성되는 것이다. 중국어의 경우 그 형식으로 보어를 가장 많이 활용하며 그 외 동태조사도 이러한 의미를 만들어 낼 수 있다. 우선 동태조사부터 살펴보자.

• 동태조사 '了', '着'

어떤 동작 동사들은 동작을 하기만 하면 반드시 어떠한 결과를 만들어내기도 한다. 이러한 내용의 동작 동사가 술어가 된다면 동작의 완성을 의미하는 동태조사 '了'만 결합해도 '把'구문의 문법적 의미를 만들어낼 수 있다. 이를테면 '吃'나 '喝'와 같은 동사들이 그러한데, 먹는 동작, 마시는 동작은 행하기만 하면 그 대상이 소모되고 소멸하기 때문이다. '丢', '脱'과 같은 동사들도 마찬가지이다. 잃어버리는 동작은 발생과 동시에 해당 대상이 사라지며, 벗는다는 동작 역시 마찬가지이다. 이 동사들은 동작의 완성을 의미하는 동태조사만 결합해도 '把'의 목적어에 어떠한 결과, 변화, 영향 등을 암시할 수 있다.

我把外衣脱了。
외투 벗었어.

그렇다면 '害', '杀', '骗', '毁', '开除'등의 동사 역시 이와 같은 상황에 해당한다고 볼 수 있을까? 이 동사들은 대체로 '把'의 목적어가 손실 혹은 손해를 보게 됨을 나타낸다. 동작이 일어나기만 한다면 누군가 상해를 입거나 죽거나 사기를 당하는 등, 이러한 결과나 변화를 겪게 되므로 동태조사 '了'로 동작의 완성을 나타내어 '把'구문의 의미 조건에 충족된다.

他把我骗了.
> 그는 나를 속였어.

- 보어

앞서 우리는 중국어의 6가지 보어 형태를 살펴보았다. 그 중 동작의 결과나 결과에 대한 평가를 제시하는 보어가 있었는데, 이 보어들은 기본적으로 '把'구문의 의미 조건에 부합하므로 '把'구문의 술어를 보충하기에 충분하다.

각 보어들의 문법적 의미를 상기해보면 결과보어, 방향보어, 상태보어가 '把'구문에서 결과 성분을 나타낼 수 있다.

她把信放在桌子上就走了.
> 그녀는 편지를 탁자 위에 올려두고 가버렸다.
← 결과보어 : 주어의 '放'동작으로 인해 다른 곳에 있던 목적어 '信'이 '桌子上'으로 위치를 옮김

你一定要把衣服洗干净后存放.
> 반드시 옷을 깨끗이 빨아 보관해야 해.
← 결과보어 : 주어의 '洗' 동작으로 인해 깨끗하지 않던 목적어 '衣服'가 깨끗하게 변함

我们得赶快把消息传出去.
> 우리는 빨리 소식을 퍼뜨려야 한다.
← 방향보어 : 주어의 '传' 동작으로 인해 목적어 '消息'가 다른 사람에게 알려져 드러남

他把事情处理得很妥当.
> 그가 일을 적절하게 잘 처리했어.
← 상태보어 : 주어의 '处理' 동작으로 인해 목적어 '事情'이 적절하게 처'리된 상태로 변함

위의 예들을 살펴보면 '放', '洗', '传', '处理'의 동작 결과를 제시하는 결과보어, 방향보어, 상태보어 등이 쓰여 '把'의 목적어에게 미치는 영향이나 결과적 상태를 모두 설명하고 있다. 유의할 점은 결과보어나 상태보어를 쓴다고 해도 그 동작의 결과나 정도가 '把'의 목적어를 지향하지 않으면 '把'구문에 쓰일 수 없다.

  *孩子们把故事听烦了。
  → 孩子们听故事听烦了。
    아이들이 이야기를 듣고 지겨워했다.

동작 '听'의 결과 일어난 변화 '烦了'는 '把'의 목적어인 '故事'에 일어난 변화가 아니라 문장의 주어인 '孩子们'에 일어난 것이다. '把'구문은 어디까지나 '把'의 목적어에 일어난 변화, 결과적 상황을 주목한다.

반면 가능보어는 '把'구문의 술어에 쓰이지 못한다. 왜냐하면 가능보어는 동사의 실현 가능성에 대해서만 언급하는, 정태적이고 수동적인 문장이기 때문에 '把'의 목적어에 변화를 일으키거나 영향을 미칠 수 없기 때문이다. 이때는 가능성을 나타내는 조동사로 가능보어를 대신하거나 '把'구문을 포기해야 한다.

  *我把这件事办不好。
  → 我不能把这件事办好。
  → 我办不好这件事。
    나는 이 일을 잘 해결할 수가 없다.

방향보어의 경우 동작의 방향을 나타내는 기본 의미에서 더 확대된 의미를 나타낼 경우 '把'구문의 술어를 보충하기에 충분하다. 그러나 변화의 시작을 의미하는 방향보어 '起来'는 동작의 결과로 나타난 변화나 영향을 설명하는 것이 아니라 단지 동작의 시작을 의미하기 때문에 '把'구문에 쓰일 수 없다.

  *他把歌儿唱起来。
 → 他唱起歌儿来。
   그가 노래 부르기 시작했다.

  *说完, 他就把酒喝起来。
 → 说完, 他就喝起酒来。
   말을 끝내고 그는 술을 마시기 시작했다.

그렇다면 시량보어는 '把'구문에 쓰일 수 있을까?

계속 언급해온 바와 같이 그 보어가 목적어에 어떠한 변화, 결과를 일으키느냐 일으키지 못하느냐를 판단하면 된다. 시량보어가 단지 동작이 지속된 시간만을 나타내는 경우는 '把'구문에 쓰일 수 없다. 동작이 얼마간의 시간 동안 지속되었다는 것만 나타낼 뿐 그 시간의 양이 동작의 결과를 나타내지는 못하기 때문이다.

  *我把那本书看了三天。

같은 논리로 시량보어가 동작의 변화와 관련이 있는 것이라면 '把'구문에 쓰일 수 있다. '推迟', '提前', '延长', '缩短'과 같은 동보식 동사가 주로 이러한 시량보어와 함께 쓰이는데 이 역시 시량보어가 동보식 동사의 의미 구조에 힘입어 결과적 상황을 나타내기 때문에 가능한 것이다.

公司把时限延长了一个月。
회사가 기한을 한 달 더 연장했다.

책을 단순히 3일 동안 보는 동작은 목적어 '那本书'에 어떠한 영향도 미치지 못한다. 그러나 기한은 시간이 늘어나는 결과적 상황을 만들어내므로 '把'구문의 의미를 표현해낼 수 있는 것이다.

• 문장 전체의 목적어가 술어의 보충어로 쓰이는 경우

앞서 중국어 문장은 두 개의 직접 목적어가 올 수 없으므로 간접 목적어가 아니라면 '把'의 목적어 이외 다른 목적어를 가질 수 없다고 하였다.

不要把这件事告诉别人。
이 일을 다른 사람에게 알리지 말라.
← '别人'은 '告诉'의 간접 목적어이며 '把'의 목적어 '这件事'가 술어의 의미상 목적어

그럼에도 문장 전체의 목적어를 다시 술어의 보충어로 쓰일 수 있다고 한 이유는 무엇일까? 중국어의 '把'구문을 살펴보면 아래와 같은 형식의 문장들이 자주 등장한다.

他把眼睛闭上了一只。
그는 눈을 한쪽 감았다.
← '一只眼睛'이라는 전체 목적어에서 '眼睛'만 '把'의 목적어가 됨

이 문장을 자세히 살펴보면 술어 뒤의 목적어로 제시된 수량사가 '把'의 목적어를 수식하는 수량사임을 알 수 있다. 즉 '一只眼睛'에서 그 일부인

'眼睛'만 '把'와 함께 앞으로 이동하고 나머지 일부는 동사 뒤에 남겨둔 것이다.

또한 아래의 예도 있다.

> 把这本书翻译成中文。
> 　이 책을 중국어로 번역한다.
> ← '把'의 목적어 '这本书'가 '中文'으로 바뀌는 변화의 결과

술어 뒤에 제시된 목적어는 그 술어의 동작으로 인해 '把'의 목적어가 변화된 결과이다. 만일 이 경우 오히려 '把'구문을 쓰지 않는다면 두 개의 직접 목적어가 술어 뒤에 쓰여 틀린 문장이 된다. 대체로 문장 내 술어가 '成', '为', '做'를 결과보어로 가질 때 그러한데 이처럼 문법 형식의 번거로움을 피하기 위해 '把'구문을 쓰기도 한다.

> 这礼堂, 我们把它叫做跳舞厅。
> 　이 강당을 우리는 무도장이라고 부른다.

앞서 목적어를 가지지 못하는 형용사는 '把'자문의 술어가 될 수 없다고 하였는데 만일 '把'구문이 처치의 개념이 아닌 사역의 개념을 나타낸다면 형용사나 심리 활동 동사가 '把'구문에서 술어가 되기도 한다. 어떤 일이 '把'의 목적어가 되는 사람에게 영향을 미쳤음을 나타내는데 사역과 그 개념이 유사하다.

> 昨天的讨论会把我累得要命。
> → 어제의 토론회는 나를 죽도록 피곤하게 만들었다.

这些消息把他高兴极了。
→ 이 소식들이 그를 아주 즐겁게 하였다.

따라서 여기에 '把'대신 사역의 의미를 나타내는 '使'를 넣어도 의미가 통한다.

→ 昨天的讨论会使我累得要命。
→ 这些消息使他高兴极了。

지금까지 '把'자문의 문법 의미와 형식에 대해 살펴보았는데, 형식적인 제약 때문에 '把'자문을 써야 하는 경우를 제외하고, 어떤 문장들은 굳이 '把'자문의 형식을 쓰지 않아도 되는데도 '把'자문의 형식을 써서 표현한다면 그 이유는 무엇일까?

我打破了玻璃窗。
我把玻璃窗打破了。

사실 이 두 문장의 객관적 사실은 '내가 유리창을 깼다'는 것으로 완전히 같다. 이렇게 일반적인 어순으로도 만들어 낼 수 있는 문장을 특수구문을 써서 어렵게 구성하는 이유는 '把'자문이 주관적 감정이 개입된 처치의 개념을 포함하고 있기 때문이다. 따라서 일반 어순으로 구성된 문장은 동작 주체가 의도적으로 혹은 의도치 않게 유리창을 깨뜨린 두 가지 상황을 모두 포함하지만, '把'자문의 아래 문장은 상황에 대한 주관적 태도 혹은 감정이 개입된 것으로 보아도 좋으며 이는 화자의 의도가 들어간 행위로 받아들일 수 있음을 암시한다. '把'자문의 목적어가 한정적이어야 한다는 조건도 이러한 이유에서이다.

> 我打破了玻璃窗。
> → 내가 (실수로/의도적으로) 유리창을 깨뜨렸다.
>
> 我把玻璃窗打破了。
> → 내가 (의도적으로) 그 유리창을 깨뜨렸다.

2) '把'구문의 형식적 특징

앞서 '把'구문의 문법 의미를 살피면서 그 의미를 나타내기 위한 조건으로 어떠한 문법적 형식이 뒷받침되어야 하는지 살펴보았다. 여기서는 중국어 문장의 일반적 특징에도 부합하는 어순 문제를 짚어봄으로써 중국어 어순을 구성하는 원리 중 하나를 간단하게 살펴보기로 한다.

'把'구문의 '把'는 품사가 전치사이다. 따라서 그 목적어와 함께 전치사구를 이루어 술어 앞에서 술어를 수식하는 부사어로 분석할 수도 있다. 술어 뒤 보어와 목적어의 어순 관계가 간단하지 않은 것처럼 술어 앞에 여러 개의 부사어가 올 경우에도 역시 어순을 고려해야 한다. 중국어 문장 내의 여러 단어 혹은 단어구의 어순은 주어-술어-목적어의 기본 어순에서 그 외 성분들이 무엇을 수식하느냐에 따라 결정되기 마련이며, 수식하는 성분과 수식 받는 성분이 대체로 가까운 자리에 위치하고자 하는 경향도 있다. 그뿐만 아니라 어순은 앞쪽에 위치한 성분들이 뒤쪽에 위치하는 성분들에 영향을 미치기 때문에 뒤에서 앞쪽 성분을 수식하는 예는 아주 드물다. 이러한 점을 고려하면 '把'구문 내의 여러 부사어 위치에 대해서도 좀 더 쉽게 이해할 수 있으며 중국어의 어순이 어떠한 의미 역할을 하는지에 대해서도 어느 정도 이해할 수 있을 것이라 믿는다.

- '便', '就', '才', '再', '又', '终于' 등의 접속부사는 '把'자 앞에 온다.

老师说完便(/就)把我领到屋子里去。
선생님이 얘길 다 하시고 나를 방안으로 데리고 갔다.

접속부사는 두 개의 단문이 하나의 복문을 이루는 접속문에서 앞 문장과 뒤 문장을 연결시켜 주는 역할을 한다. 따라서 뒤 문장의 앞쪽에 위치하여 앞 문장과의 연결고리가 되는데, 이들이 부사이기 때문에 주어 앞에 위치 못 하는 것일 뿐 가능한 앞쪽에 위치하는 것이 좋다.

- 부정부사 '不', '没'도 '把'자 앞에 온다.

*我们谁也把此事没放在心上。
→ 我们谁也没把此事放在心上。
우리는 그 누구도 이 일을 마음에 담아두지 않았다.

앞서 언급했듯이 중국어 문장 내 수식어는 대체로 앞의 성분이 뒤의 성분들을 수식하며, 뒤의 성분이 앞쪽에 있는 성분에 영향을 미치기는 어렵다. 따라서 이 부정 부사가 '把'전치사구 뒤에 위치할 경우 이에 뒤에 오는 낱말들에만 영향을 미치게 되며 앞의 '把'+목적어는 부정부사의 영향 범위를 벗어나게 된다. 이것이 왜 문제가 되는지 생각해보자. 일반적으로 술어는 목적어와 더불어 술어구를 형성하여 하나의 단위로 인식되는 경우가 많은데 만일 부정부사가 '把'전치사구 뒤에 위치하게 되면 그 앞으로 유도된 목적어에는 영향을 미치지 못하고 술어에만, 즉 술어구의 일부에만 영향을 미치는 결과를 가져오게 된다. 따라서 목적어까지 부정사의 의미 영역에 포함하려면 '把'전치사구 앞에 위치해야 한다.

- 묘사적인 부사어. 동작이나 동작자의 심리를 표현하는 부사어는 '把' 앞에 온다.

他不辞辛苦地亲自把那些东西搬到屋子里了。
그는 고생을 마다하지 않고 직접 그 물건들을 방안으로 옮겨주었다.

부사어는 대체로 동작자의 심리나 동작의 상태를 묘사하는 묘사적 부사어와 시공간 등의 배경을 설명하는 제한적 부사어로 나뉜다. 이때 동작자와 관련된 부사어는 동작자와 가까운 곳에서 수식하여야 하므로 '把'전치사구 앞에 위치하게 된다. 이는 동작을 묘사하는 부사어, 즉 술어를 수식하는 부사어 역시 마찬가지인데, 위 부정부사의 경우와 동일한 이유로 설명할 수 있다. 부사어가 술어를 수식한다고 할 때 이 부사어의 의미 영역은 술어만 포함하는 것이 아니라 술어와 함께 의미를 구성하는 목적어까지 포함된다. 따라서 이 목적어 성분까지 함께 의미 영역에 포함시키기 위해서는 앞서 언급한 바와 같이 부사어가 목적어 앞에 위치해야 한다. 따라서 동작자나 동작을 묘사하는 부사어는 모두 공통으로 '把' 앞에 위치하는 것이다.

- 시간이나 장소를 나타내는 부사어도 '把' 앞에 온다.

*我把书昨天还给图书馆了
→ 我昨天把书还给图书馆了。
　　나는 어제 책을 도서관에 돌려주었다.

시간이나 장소를 나타내는 부사어는 문장 내 두 가지 위치에 올 수 있는데, 하나는 주어 뒤 술어 앞, 나머지 하나는 주어 앞 문두 위치이다. 문장 내 위치가 비교적 자유로운 부사어로, 강조하기 위해서 혹은 주어와 술어 사이에 이미 여러 개의 부사어가 복잡하게 있는 경우 문두로 이동하는 경우가 많다. 만일 이 부사어가 '把'전치사구 뒤에 위치하게 되면 문두로 이동할 때 '把'전치사구에 막혀 이동이 어려워진다. 따라서 '把'전치사구 앞에 위치하여 문두 이동이 순조로울 수 있도록 하는 것이다.

반면 '把' 뒤에만 위치해야 하는 부사어 종류가 있는데, 바로 '把'의 목적어를 묘사하는 부사어이다. 이 부사어들은 일반적으로 '把' 뒤에 위치한다. 이 역시 의미상 연관 있는 성분들은 가능한 가까이에 위치한다는 도상성 원리에 근거한 것이다.

> 父亲把那些家具很整齐地排列在客堂里。
> 부친은 그 가구들을 아주 가지런하게 거실에 배치하셨다.
>
> 他把日历端端正正地挂在墙上。
> 그는 달력을 가지런하게 벽에 걸었다.

위 문장에서 '整齐地', '端端正正地'은 주어가 아니라 '把'의 목적어를 설명하고 있는 부사어이다.

'被'구문

> 해가 구름에 가려져서 좀 시원해진 거 같아.
> → 太阳被云遮住了, 凉快一点了。

'被'구문이 나타내는 대표적인 문법 의미는 '피동'이다. 피동은 주어가 다른 사람이나 사물에 의해 동작을 하게 되거나 어떤 작용이 이루어지는 것을 말한다. 한국어로는 대부분 '~되다', '~지다', '~당하다' 등의 표현으로 나타난다. 일반적으로 동작의 주체자는 주어 위치에 오지만, 피동문에서는 동작을 받는 대상이 주어 자리에 위치함으로써 그 대상의 관점에서 문장이 서술된다. 중국어에서 '被'구문은 피동문의 대표적인 형식이지만 뿐만 아니라 '叫', '让', '给'도 피동의 의미를 나타낼 수 있어 '被'구문과 '叫', '让', '给'를 이용한 문장을 모두 일컬어 '피동문'이라고 한다.

형태적 표지가 약한 중국어에는 이러한 표지 없이 의미상으로만 피동임을 알 수 있는 의미상 피동문도 있다. 이 경우 대부분 동작의 대상이 주어 위치에 오는 것으로 주어가 동작의 주체자로 이해될 수 없는 경우의 문장은 의미상 대부분 피동문이다.

> 所有的问题都解决了。
> 　모든 문제가 모두 해결되었다.
> 那个机构已经撤销了。
> 　그 기관은 이미 해체되었다.

앞서 '把'구문이 동작의 대상인 목적어에 초점을 두어, 그 목적어가 동작의 결과나 영향을 받음을 표현하는 문법 형식임을 살펴보았다. '被'구문 역시 비슷한 문법적 의미가 있는데, 다만 동작의 대상이 '把'의 목적어로 자리 잡는 것이 아니라 문두에 위치한다는 점, 그래서 전체 문장이 동작 대상의 관점에서 서술된다는 점에서 구별된다. 이 두 구문이 문법적 의미에 있어 이런 공통점을 가지고 있으므로 그 의미를 구현하기 위한 문법적 장치 또한 서로 유사하다. 그러므로 앞의 '把'구문을 잘 이해하였다면 이 '被'구문 역시 동일한 방법으로 접근한다면 보다 쉽게 이해할 수 있을 것이다.

1) '被'구문의 구조

'被'구문을 포함한 피동문 역시 '把'구문과 마찬가지로 '被'나 다른 피동의 문법 표지를 이용하여 특수 구문을 만드는 데는 이를 통하여 나타내고자 하는 문법 의미가 있기 때문이다. 동작자가 문두에 위치하는 기본 어순에서 벗어나 동작의 대상을 문두에 위치시키는 가장 큰 이유는 대상에 문장의 초점을 맞추기 위해서라고도 유추할 수 있다.

앞서 여러 문장의 문법적 의미를 살펴보면서 문장이 어떤 특정한 문법적 의미를 만들기 위해서는 '把'나 '被'와 같은 표지만을 사용하는 것이 아니라 문장을 구성하는 성분들이 대부분 다 같이 그 문법적 의미를 생성하기 위해 기여함을 보았다. '被'구문 역시 마찬가지로 동작의 대상이 문두에 오면서 단순히 대상에만 초점을 두는 것이 아니라 그 대상이 왜 초점이 되는지 설명하는 요소들, 혹은 그 대상을 초점화하기 위한 기타 요소들이 함께 등장해야 함을 알 수 있어야 한다. 이를 위해 '被'구문을 형성하는 문장 내 다른 성분들에 대해서 하나씩 알아보기로 하자.

'被'구문의 문법적 의미를 정리하면 아래와 같다.

> 문장의 주어인 동작 대상이 '被'의 목적어인 동작자에 의한 동작 결과, 모종의 영향을 받게 됨을 나타낸다.

따라서 문장 내 술어에 이러한 내용이 포함되어야 한다. 이에 따르면 술어는 동작을 가지고 있어야 하고, 그 결과를 나타낼 수 있는 기타 보충 성분이 같이 제시되어야 한다. 이에 관한 내용은 앞장에서 살펴본 '把'구문과 유사한 논리적 배경을 가지므로 이를 상기하면서 살펴보는 것이 좋다.

(1) 술어

• '被'구문의 술어는 동작동사여야 한다. 따라서 자동사, 형용사, 판단동사, 방향동사는 어떤 영향이나 결과를 만들어 낼 수 없는 성질의 단어

들이기 때문에 '被'구문에 쓰일 수 없다.

  *男子万米世界纪录终于被破了。 ← 자동사가 술어이므로
 → 男子万米世界纪录终于被打破了。
   남자 10000미터 세계 기록이 결국 깨졌다.

  *积雪的道路已经被干净了。 ← 형용사가 술어이므로
 → 积雪的道路已经被打扫干净了。
   눈 쌓인 도로는 이미 깨끗하게 치워졌다.

 구조적인 면에서 동목구조로 이루어진 동사 역시 '被'구문의 술어가 될 수 없다.

  *小狗被妈妈洗澡了。 ← 동목 구조를 가진 동사가 술어이므로
 → 小狗被妈妈洗了。
   강아지가 엄마한테 씻겨졌다.

 위의 예에서 술어 '洗'는 의미상 두 개의 목적어를 가진다. 동목이합사로서 동사 자체가 이미 '澡'라는 목적어를 가지고 있으며 또한 '洗'의 동작 대상이 되는 '小狗'를 다시 가지기 때문이다. 비록 '被'구문이 동사술어의 원래 의미상 목적어가 주어 위치로 이동하여 만들어지는 구문이라고 하여도 술어 뒤에 또 다른 목적어가 올 수는 없다.

 비록 동작을 나타내는 동사는 아니지만, 일부 심리 활동 동사 및 감각 동사는 '把'구문과 달리 '被'구문의 술어로 쓰일 수 있다. 비교적 관용적인 일부 문장에서 볼 수 있다.

  *他把你看见了。

→ 你被他看见了。

네가 그에게 보여졌어.
→ 네가 그 사람 눈에 띄었어.

- '被'구문의 주어는 동작의 대상이고 주어에게 가해진 영향이나 결과 등이 술어에 나타나야 하므로 주어가 영향을 받아 야기된 결과 등을 표현하는 부속 성분이 술어에 있게 마련이다.

'把'구문과 마찬가지로 전체 동작의 대상이 되는 주어가 어떤 결과나 영향을 받았는지 설명할 수 있는 결과보어, 방향보어, 정도보어, 수량보어가 쓰일 수 있다.

一块砖头飞向窗户, 玻璃被打碎了。
  돌멩이 하나가 창문을 향해 날아와 유리가 깨졌다.

*我没死, 我被渔夫救。
→ 我没死, 我被渔夫救活。
  나는 죽지 않았어, 어부에게 구조되었거든.

그러나 가능보어는 쓰일 수 없다. '被'구문은 술어의 결과가 확정적이어야 하는데 가능보어는 동사의 가능성, 혹은 동작으로 인한 결과를 만들어낼 수 있는 가능성 유무만을 나타낼 뿐 그 결과에 대하여 확정짓지 못하기 때문이다. '把'구문에서도 같은 이유로 가능보어는 쓰이지 못한다.

*饭被我做得了。
→ 饭我做得了。
  밥은 내가 할 수 있어요.

*这件事被他办不好。

→ 这件事他办不好。
　　이 일은 그가 잘 해결할 수 있어요.

(2) 주어

'被'구문에서 주어는 동작을 받는 대상이다. '被'구문은 동작을 받는 대상과 그 동작의 결과를 강조하는 구문이므로 누구인지, 혹은 무엇인지 모르는 대상의 결과에 대해서도 말할 수 없다. 따라서 주어는 반드시 확정적, 한정적인 사람이나 사물이어야 한다. 이는 중국어에서 문두 성분은 한정적이라는 특성에도 부합한다.

我们都被他那真诚的态度所感动。
　　우리는 모두 그의 그 진실한 태도에 감동되었다.
这些图书被认定为非法出版物。
　　이 책들은 불법출판물로 인정되었다.
一辆停靠在高速公路上的汽车被引爆, 造成一名人死亡。
　　고속도로 근처에 세워져 있던 자동차가 폭발되어 한 명이 사망하였다.

위의 예문은 주어가 지시대명사이거나 지시대명사의 수식을 받거나 혹은 관형어가 주어를 수식하고 있다. 앞서 언급한 바와 같이 이러한 문법 요소들은 대상의 한정성을 설명하는데 자주 쓰이며, 만일 이러한 요소 없이 명사가 단독으로 쓰였다면 문맥이나 상황에서 화자나 청자가 이미 알고 있던 어떤 존재라고 생각할 수 있다.

(3) '被'의 목적어

'被'의 목적어는 동사가 나타내는 동작의 주체자이다. '被'구문은 동작을 받는 대상의 관점에서 그 대상이 받은 영향, 결과 등을 서술하는 문장이기 때문에 누가 동작을 했는지는 중요하지 않다. 따라서 '被'의 목적어는 동작자를 특정할 수 없거나 분명하지 않을 때, 혹은 제시할 필요가 없을 때 '人'이나 '谁'를 목적어로 쓰거나 혹은 생략도 할 수 있다.

> 下班回家后, 他发现公寓的窗户被打碎了。
> 퇴근하고 집으로 돌아온 후 그는 아파트 창문이 깨진 것을 알아차렸다.
>
> 谁也不会被忘记, 什么事也不会被忘记。
> 그 누구도 잊혀지지 않을 것이고 그 어떤 일도 잊혀지지 않을 것이다.

위 문장에서는 동작의 주체자, 즉 '被'의 목적어를 알 수 없거나 특정할 수 없어 모두 생략되었다.

(4) '被'구문 전체의 목적어

'被'의 목적어는 일반적으로 동작의 주체자를 나타내는 것인데, '被'구문 전체의 목적어는 어떤 성분을 가리키는 것일까? 아래의 예를 보자.

- 목적어가 주어의 결과를 나타낼 경우

> 他的作品被翻译成多种文字了。
> 그의 작품은 여러 언어로 번역되었다.

'多种文字'는 술어의 동작을 통해 만들어진 결과물이며 문장 성분은 술어 '翻译成' 뒤에 위치한 목적어이다. 만일 이 문장을 수동문이 아니라 능동문의 형태로 쓴다면 아래와 같이 쓸 수 있다.

→ (某人) 把他的作品翻译成多种文字了。

이 문장의 능동문 형식 역시 일반적인 주어-술어-목적어의 구문이 아닌 '把'구문이다. 이유는 만일 '他的作品'을 술어 뒤 목적어 위치에 둘 경우 '多种文字'와 더불어 두 개의 직접 목적어가 술어 뒤에 와야 하는데 중국어는 두 개의 직접 목적어를 술어 뒤에 두는 것을 허용하지 않기 때문에 이러한 오류를 피하기 위해 '把'구문을 활용한 것이다. 물론 이때에도 문장의 내용은 '把'구문이 나타내는 문법적 의미에 부합할 수 있어야 한다.

목적어가 동작의 대상이 되고 주어가 그 동작 발생의 장소를 나타낼 경우. 이 역시 넓게 보면 목적어가 주어의 변화 혹은 어떠한 결과를 포함하는 경우에 속한다고 할 수 있다.

墙被挖了一个洞。
  벽에 구멍이 하나 뚫렸다.
← '洞'이 술어 '挖'의 동작 대상이 되고 주어 '墙'이 그 동작이 일어나는 배경 장소가 되므로 가능하다. 또한 그 결과 '墙'에 어떠한 변화도 발생한다.

• 혹은 목적어가 주어의 한 성분인 예도 있다.

这鞋子被小偷偷走了一只, 所以现在只有另外一只。
  이 신발은 도둑이 한쪽을 훔쳐 가서 지금은 다른 한쪽만 남아 있다.

목적어 '一只鞋子' 중에 '鞋子'만 주어 위치로 이동하고 나머지 성분 '一只'만 목적어로 남아 전체 문장의 목적어 역할을 하고 있다. 한쪽만 남은 '这鞋子'의 결과적 상태를 나타내는 것이다.

연동문

우선 지하철을 타고 근처까지 가서서 그 다음에 버스로 갈아타시면 되요.
→ 坐地铁到附近，然后转乘公共汽车就可以了。

너는 나를 비난할 자격이 없어!
→ 你没有资格指责我。

연동문은 두 개 이상의 동작 혹은 동사가 연결된 문장이다. 이 때 주의할 점은 주어 역시 두 개 혹은 두 개 이상이어서는 안 되고 문장의 형식상 주어는 하나이어야 한다. 만일 주어 역시 두 개 이상이라면 이 문장은 단문의 연동문이 아니라 두 개의 문장으로 연결된 복문으로 간주하기 때문이다. 이 연동문을 다시 정의하자면 하나의 주어에 두 개 이상의 동사나 동사구가 연결된 문장이다. 이때 두 개의 동사(구)는 서로 목적, 방식, 원인, 시간적 선후 등의 의미 관계로 연결된다.

예를 들면, '我去学校学习汉语'의 문장은 하나의 주어에, 두 개의 동사구로 연결되어 있으므로 연동문이며 각 동사구의 의미 관계는 '学习汉语'가 '去学校'의 목적을 나타내고 있다.

좀 더 구체적으로 살펴보자.

• 두 개의 동작이나 상황이 시간적으로 연속되어 일어남을 나타낸다.

>我每天自己买菜做饭吃。
>>나는 매일 직접 장을 봐서 밥을 한다.
>
>他走过去拿书。
>>그는 걸어가 책을 집어 들었다.

이 동작들은 시간상 선후 관계로 이어지기 때문에 서로 그 순서를 바꿀 수 없다. 그러나 단순히 여러 동작을 병렬하는 연동문이라면 순서를 바꾸어도 좋다.

>他天天读书写字。
>>그는 매일 책을 읽고 글씨를 쓴다.
>
>他天天写字读书。
>>그는 매일 글씨를 쓰고 책을 읽는다.

- 첫 번째 동사구는 동작의 진행방식을 나타내고 두 번째 동사구는 그 방식을 통해 이루어지는 동작을 나타낸다.

>他握着我的手说："欢迎，欢迎。"
>>그는 내 손을 잡으며 말했다. "환영합니다."
>
>我们用英语谈话。
>>우리는 영어로 대화한다.

- 두 번째 동사구가 첫 번째 동사구의 목적을 나타낸다.

>我们开个欢送会送别即将回国的日本留学生。
>>우리는 환송회를 열어 곧 귀국할 일본 유학생들을 송별하였다.

我们找他谈重要的事情。
우리는 그를 찾아 중요한 일을 의논해야해.

- 첫 번째 동사구가 두 번째 동사구의 원인을 표시한다.

老师今天去开会不能来上课了。
선생님이 오늘 회의를 하러 가셔서 수업하러 오지 못하셨다.

- 첫 번째 동사구의 동사가 '有' 혹은 '没有'로 연동문을 만들기도 한다.

我有几个问题要问你。
→ 나는 몇 가지 질문이 있어 너한테 물으려고 해.
⮕ 나는 너한테 묻고 싶은 게 몇 가지 있어.
小刘没有资格参加这次会议。
→ 샤오리우는 이 회의에 참가할 자격이 없다.

중국어의 연동문은 한국어에도 유사한 형식이 있어 문장의 구조나 그 내용을 이해하는 데 크게 어려움이 없다. 다만 위의 예에서 보다시피 어떤 연동문은 그 동사의 순서에 따라 한국어로 번역할 경우 어색하기도 하다. 이런 경우 두 번째 동사구를 첫 번째 동사의 목적어를 꾸며주는 관형어처럼 번역하면 자연스럽다. 즉 한국어에서 관형어를 가진 목적어 문장이 있다면 이렇게 '有'연동문의 형식을 취하면 비교적 간단하게 중국어로 옮길 수 있으며 이러한 연동문 형식이 훨씬 자연스러운 중국어 표현이다. 그러나 이 '有'연동문은 주요 동사가 '있다', '없다'인 문장에 해당하며, 주요 동사가 다른 의미를 가진다면 아래와 같이 바로 두 개의 동사구를 연결해

주어도 문장이 성립한다.

> 나는 마실 물을 따른다.
> → 我倒要喝的水。
> ⇉ 我倒水喝。
>
> 그녀는 입을 옷을 산다.
> → 她买要穿的衣服。
> ⇉ 她买衣服穿。
>
> 우리는 먹을 밥을 직접 한다.
> → 我们自己做要吃的饭。
> ⇉ 我们自己做饭吃。

　대체로 문장은 술어를 중심으로 형성되므로 목적어나 보어, 부사어 등도 이 술어를 기준으로 배치된다. 연동문은 하나의 문장 안에 두 개의 술어가 있는 문장이므로 목적어나 부사어 등 다른 문장 성분과의 결합 구조가 술어가 하나인 문장과 동일할 수 없을 것이다. 그렇다면 연동문에서 술어가 다른 문장 성분과 결합할 때 어떠한 구조를 가지게 되는지 살펴보자.

　1) 부사어와의 결합

　문장 내에서 부사어는 언제나 술어 앞에 위치한다. 일부 부사어는 주어 앞에 있지만 주어 뒤, 술어 앞이 부사어의 기본 위치라고 할 수 있다. 그렇다면 두 개의 술어가 올 때 부사어는 어디에 위치해야 할까?

> 他天天去图书馆看书。
> 　그는 날마다 도서관에 가서 책을 본다.

만일 부사어가 두 가지 동작에 모두 해당하는 내용이라면 첫 번째 동사 앞에 위치한다. 위의 예에서 도서관에 가는 행위, 책을 보는 행위 모두가 매일같이 일어나는 동작이므로 '天天'의 위치는 첫 번째 동사 앞인 것이다.

그러나 만일 두 번째 동작에만 한정해서 수식하고자 한다면 그 부사어는 두 번째 동사 바로 앞에 위치해도 좋다.

  她咬着嘴唇狠狠地瞪了小李一眼。
  그녀는 입술을 깨물며 샤오리를 매섭게 쳐다보았다.

물론 첫 번째 동사에만 의미가 한정되는 부사어도 있다.

  那个孩子大声哭着跑出去了。
  그 아이는 큰 소리로 울면서 뛰쳐나갔다.

다시 부정부사를 예로 들어 보자. 부정부사는 일반적으로 첫 번째 동사 앞에 둠으로써 뒤에 오는 두 개의 동사(구)를 모두 부정하게 된다.

  妈妈不去超市买菜。
  엄마는 마트에 채소 사러 가지 않는다.

만약 두 개의 동사(구) 중에서 어느 하나만을 부정하고자 한다면 그 부정하고자 하는 동사구 앞에 부정부사를 쓰고, 그의 긍정적 내용을 뒤에 보충하게 된다.

妈妈去超市不买菜, 卖菜。
  엄마는 마트에 채소 사러 가는 것이 아니라 채소 팔러 간다.

他去图书馆不看书, 找资料。
  그는 도서관에 가서 책을 보는 것이 아니라, 자료를 찾는다.

2) 동사 중첩 형식

　연동문에서 동사를 중첩하고자 할 때는 일반적으로 두 번째 동사구의 동사를 중첩한다. 연동문의 두 번째 동사구는 첫 번째 동사구의 목적이거나 첫 번째 동사구가 두 번째 동사구의 방식이나 도구를 나타내는 경우가 많은데, 이는 바꾸어 말하자면 목적이나 결과와 같은 발화의 의도가 두 번째 동사구에서 실현되므로 두 번째 동사를 중첩한다는 것이다.

我们去学校问问老师吧。
  우리 학교에 가서 선생님께 한번 여쭤보자.

这件事情我们还要大家坐下来商量商量。
  이 일은 우리가 모두 다 앉아서 한번 의논해보자.

겸어문

이번 여행으로 가족들에 대해 더 많이 이해하게 되었어.
→ 이번 여행이 나로 하여금 가족들에 대해 더 많이 이해하게 했어.
⇒ 这次旅行让我对家人有了更深刻的理解。
그 동물원에 호랑이 한 마리가 있는데 사육사를 공격했대.

→ 那个动物园里有一只老虎攻击了饲养师。

위 한국어 문장을 중국어로 옮길 때 만일 겸어문을 모른다면 아래와 같이 문장을 풀어 쓸 수 밖에 없다.

那个动物园里有一只老虎, 它攻击了饲养师。

이 중국어 문장 역시 틀린 문장은 아니지만, 겸어문은 이 두 문장을 하나의 문장으로 표현할 수 있으며, 보다 더 간단하고 명확하게 의미전달을 할 수 있다는 장점이 있다. 겸어문 역시 형식적 측면에서 볼 때 연동문과 마찬가지로 하나의 문장 안에 두 개의 동사(구)를 가지고 있는 문장이지만, 연동문이 하나의 주어가 두 개의 동사(구)와 결합하는 것이라고 한다면, 겸어문은 두 동사 사이에 목적어와 주어를 겸하는 성분이 있는 문장을 말한다. 즉, 하나의 낱말이 앞에 있는 동사의 목적어임과 동시에 뒤에 있는 동사의 주어를 겸하고 있다는 것이다.

예를 들면, '大家选他做代表'에서 '他'는 첫 번째 동사'选'의 목적어이면서, 동시에 두 번째 동사 '做'의 주어로 역할하는데 이처럼 '他'가 목적어와 주어를 겸하는 겸어(兼語)가 된다.

겸어문은 주술구조 목적어를 가진 문장과도 다르다.

我想他来。 → 我　　想　　他来
　　　　　　　주어　술어　목적어

我请他来。 → 我　请　│他　│来
　　　　　　주어 술어1│목적어│술어2
　　　　　　　　　　　│주어　│

한국어의 경우 주어나 목적어는 이를 나타내는 격조사가 명확하게 제시되며, 하나의 성분은 하나의 격조사만을 가지고 있으므로 하나의 단어가 목적격 조사와 주격 조사를 동시에 가질 수 없다. 따라서 중국어의 겸어문과 같은 문형은 만들어 질 수 없다. 그러나 겸어문이 만들어내는 의미는 한국어의 여러 문형 속에서 실현되기도 하므로, 그 형식적 특징과 의미를 연관 지어 기억해둘 필요가 있다.

겸어문의 형식으로 만들어 낼 수 있는 가장 대표적인 문법적 의미는 '사동'이다. 사동은 '~로 하여금 ~하게 하다'라는 의미로 지시를 받는 대상이 지시 내용을 직접 수행하는 것이므로 하나의 성분이 목적어인 동시에 주어가 되는 겸어문의 형식에 완전히 부합한다. 따라서 'A로 하여금 B하게 하다'라는 의미를 포괄하는 많은 동사들이 겸어문을 구성할 수 있다. 이를테면 'A로 하여금 B하게 부탁하다', 'A로 하여금 B하게 강요하다', 'A로 하여금 B하게 독촉하다', A'로 하여금 B하게 압박하다' 등등, 그 결과 A가 B의 동작을 하도록(혹은 B의 상황이 되도록) 하는 문장을 말하는 것이다. 이런 의미를 구체적 어휘로 나타내는 중국어 단어들도 많지만 ('请', '求', '逼', '命令', '吩咐', '促使', '鼓励', '引导', '启发', '指示', '领导', '禁止' 등) 구문을 통해 사동의 의미를 나타내는 대표적 표지사로 '使' '让' '叫'가 있다.

    我们请他唱首歌, 好吗?
      우리가 그에게 노래 한 곡 해달고 청하자, 어때?

    这个学期的成绩单使妈妈很高兴。
      이번 학기 성적표가 엄마를 아주 기쁘게 한다.

'使', '让', '叫'은 '命令'이나 '鼓励'처럼 구체적인 어휘 의미를 가지지 않고, 겸어의 구조로 사동의 의미를 나타내기 때문에 기본적으로 서로 바꾸어 써도 무방한 경우가 많다.

  他使我很伤心。
  他叫我很伤心。
  他让我很伤心。
   그가 나를 아주 상심하게 한다.

그러나 세부적인 의미에서 이들은 구별되기도 하는데, '让'이나 '叫'가 단순히 어떤 행위나 동작을 하게 한다는 사동의 의미도로 쓰일 수 있지만 반면, '使'는 어떤 행위나 동작의 조건, 효과, 원인, 결과 등까지 나타낼 수 있을 때 사용한다. 즉, 단순히 어떤 한 가지 동작을 하게 하는 의미보다는 그 동작의 결과나 효과 등을 포함하는 문장에서 더욱 많이 활용된다는 것이다.

  爸爸让他学习。
  爸爸叫他学习。
   아버지가 나를 공부하게 한다.

  *爸爸使他学习。
  ← 단순히 '学习'라는 행위를 할 뿐 그 행위의 결과가 어떠하여야 한다는 언급은 없어서 틀린 문장이 된다.

  → 爸爸使他放心地学习。
   아버지가 그가 안심하고 공부할 수 있게 하셨어.

  → 爸爸使他能够学下去。
   아버지가 그가 계속 공부해나갈 수 있게 하셨어.

사동 외 겸어문은 '~를 ~라고 부르다/여기다/삼다'등의 의미구조를 나타내기도 한다. 따라서 이러한 의미를 나타낼 수 있는 동사가 제1동사로 등장하게 되는데 주로 '称', '叫', '骂', '呼', '认', '选', '推荐', '认为' 등의 동사가 그 역할을 한다. 제2동사는 겸어를 그러한 존재로 판단하는 동사이어야 하므로 주로 '做', '为', '当', '是'등이 온다.

> **黑格尔称他为'现代哲学之父'。**
> 헤겔은 그를 현대철학의 아버지라 부른다.
>
> **群众选我做代表。**
> 군중들이 나를 대표로 뽑았다.

앞서 겸어문과 연동문이 구조적으로 유사하므로 유의할 필요가 있다고 하였는데, 첫 번째 동사가 '有'인 구문이 겸어문에도 있다.

> **我有个朋友学法律学的。**
> → 나에게 친구가 하나 있는데 법률을 공부한다.
> → 나에게 법률을 공부하는 친구가 하나 있다.

연동문과 마찬가지로 겸어에 뒤이어 나오는 문장들은 한국어로 번역할 때 관형어로 번역하는 것이 비교적 자유롭다. 바꾸어 말하면, 목적어가 긴 관형어의 수식을 받는 다소 복잡한 구문이라면 중국어의 겸어문으로 옮기는 것이 적합하다.

> 그에게는 생활이 곤란한 친구가 하나 있어.
> → 그에게는 친구가 하나 있는데, 그 친구는 생활이 곤란해.
> **他有一个生活困难的朋友。**

→ 他有个朋友生活困难。

이 때 '有'의 목적어는 대체로 '어떤'의 의미를 포함하는 것이 일반적인데, 문법적인 용어로 불확정, 비한정적인 대상을 지칭한다는 것이다. 따라서 '这个', '那个' 등의 관형어를 가진 등의 확정적인 목적어는 올 수 없으며, '一个', '几个', '一些' 등의 관형어를 가진 불확정적인 목적어만 올 수 있다.

有只小狗从那里跑过来了。
강아지 한 마리가 저쪽에서 달려왔다.

존현문

책상 위에 책 한권이 있네.
그 책은 책상 위에 있어.

이 두 문장은 모두 책상 위에 책이 한 권 있는 사실을 전달하고 있다. 이 두 문장의 차이점은 어디에 있는 지 한 번 생각해보자.

첫 번째 문장은 책상 위의 상황에 관해 설명하고 있고, 두 번째 문장은 그 책의 상황에 관해 설명하고 있다. 첫 번째 문장의 책은 불특정한 어떤 책이며, 두 번째 문장의 책은 특정한 그 책이다.

이러한 차이는 중국어 문장에도 그대로 반영되어 아래와 같은 형식적 차이를 만들어 낸다.

책상 위에 책 한권이 있네.
→ 桌子上有一个本书。

그 책은 책상 위에 있어.
→ 那本书在桌子上。

아래의 예도 동일하게 생각해보자.

어젯밤에 손님 한 분이 오셨어.

그 손님이 어젯밤에 오셨어.

첫 번째 문장은 어젯밤의 상황을 설명하고 있고, 두 번째 문장은 그 손님에 관해 설명하고 있다. 첫 번째 문장의 손님은 불특정한 손님이고, 두 번째 문장의 손님은 화자와 청자가 알고 있는 특정한 그 손님이다. 이 의미 차이 역시 중국어 문장에 그대로 반영될 수 있으며 그 결과 아래와 같은 형식적 차이를 만들어 낸다.

어젯밤에 손님 한분이 오셨어.
→ 昨天晚上来一位客人了。

그 손님이 어젯밤에 오셨어.
→ 那位客人昨天晚上来了。

어떤 장소나 시간에 어떤 사람이나 사물이 존재하거나 혹은 출현하거나 혹은 사라지는 현상을 나타내는 문장을 존현문이라고 하며, 중국어에서는 이러한 내용을 나타내기 위해 기본적 어순에서 벗어난 특정한 문법 형식을 이용한다. 이와 같은 특수한 구문을 만들어 내는 데는 여러가지 화용적 요인이 작용하는데 문두 성분의 화제적 기능(초점의 기능이라고 설명해도 좋다), 문미 성분의 신정보 여부 등이 그 내용이다.

내가 늘 쓰던, 혹은 그 자리에 늘 있던 책상에 이전에 없던 책이 놓여져 있을 때 위의 첫 번째 문장을 쓸 수 있는데, 문두의 '책상 위'는 화자와 청자가 이미 알고 있는 책상이며 그 책상에 대한 정보를 제공한다는 점에서 화제적 기능을 가지고 있다. 문미의 '책 한 권'은 이전에 없던 어떤 책이 그 장소에 있음을 알려주는 새로운 정보로 아직 그 책이 어떤 책이며 왜 그곳에 있는 지는 알 수 없거나 알려지지 않았으므로 비한정적 성분으로 제시되어 있는 것이다.

기본 어순을 벗어났기 때문에 존현문의 문장 성분 분석은 늘 다른 의견들을 만들어낸다. 술어 앞의 처소사나 시간사는 주어로 볼 수도 있고, 장소나 시간을 나타내는 부사어로 볼 수도 있을 것이다. 장소나 시간을 나타내는 말을 부사어로 간주한다면 이런 문장은 무주어문으로 보아야 할 것이다.

동사 술어 뒤의 명사성 성분은 목적어로 분석하지만, 존현문에서는 이것이 앞 동사의 동작 주체자이므로 선뜻 목적어로 인정하기 어려워지고, 이를 주어라고 한다면 주어가 술어 뒤에 위치한다는 점에서도 마찬가지다.

하지만 중국어의 현상에 대해 일관성 있는 설명을 위해 존현문에서 문두에 오는 처소사 혹은 시간사는 동작 발생의 배경이 아니라 술어의 진술 대상이라는 점에서 주어라고 보고, 술어 뒤의 동작 주체자는 목적어라고 인정하는 것이 일반적 추세이다.

이 존현문은 다시 그 내용에 따라 존재문과 은현문으로 나눈다. 앞서 대상의 존재와 출현 및 소실을 나타내는 것을 존현문이라 하였는데, 이 중 전자, 즉 대상의 존재를 나타내는 문장은 존재문, 대상의 출현 및 소실을 나타내는 문장은 은현문이라고 분류한다.

1. 존재문

이는 어떤 장소에 어떤 사람이나 사물이 존재함을 설명하거나 묘사하는 문장이다. 따라서 존재문 속의 술어는 대부분 '是'나 '有'이다.

> 篮子里是桃子。
> 　바구니 안에(안의 것은) 복숭아다.
> 篮子里有桃子。
> 　바구니 안에 복숭아가 있다.

만일 다른 의미의 동사가 술어로 쓰였다면 그 동사 뒤에 대부분 동태 조사 '着', '了'가 있다. 이는 '着', '了'로 동작의 지속 상태나 동작의 완성을 나타냄으로써 그러한 동작의 방식으로 그 장소, 그 시간에 대상의 존재를 설명하기 위해서이다.

> 篮子里放着桃子。
> 　바구니 안에 복숭아가 놓여져 있다.
> 墙上挂着他的照片。
> 　벽에 그의 사진이 걸려 있다.
> 草地上坐了两位客人。
> 　풀밭에 손님 두 분이 앉아 있다.

이 때 목적어는 불확정적이지만, 일반적으로 단일 명사로 쓰이지 않고 수량사나 관형어의 수식을 받는 형태이다.

头发上插着一朵花。
머리에 꽃 한 송이를 꽂고 있다.

존재문은 그 내용에 의해 다시 동태존재문과 정태존재문으로 나눌 수 있다. 이 명칭에서 힌트를 얻자면 동태 존재문은 구체적인 동작을 지속하거나 진행함으로써 대상의 존재를 설명하는 것이다. 이 동태 존재문에 사용되는 동사들 역시 그러한 의미를 나타낼 수 있어야 하는데, 이를테면 '坐', '站', '躺', '停', '住', '放' 등이 속한다. 앞서 말한 바와 같이 이러한 경우 대체로 동태조사를 수반하여 동작의 완성 및 지속을 나타낸다.

空气里弥漫着一股清香。
공기에 맑은 향기가 퍼져 있다.

반면 정태 존재문은 동태 존재문과 달리 실질적인 동작을 나타내는 것이 아니라 그야말로 그 장소나 시간에 대상이 존재함을 묘사한다.

大楼前边是宽阔的停车场, 停车场旁边是新植的竹林。
건물 앞은 넓은 주차장이고 주차장 옆은 새로 심은 대나무 숲이다.

2. 은현문

사람이나 사물의 출현이나 소실을 나타내는 문장을 은현문이라고 한다.

1) 은현문의 형식

  前面来了一个人。
   앞쪽에서 어떤 한 사람이 왔다.

  昨天发生了一件大事。
   어제 큰 일이 하나 일어났다.

이 때, 장소나 시간을 표시하는 낱말에 '在', '从' 등을 붙이지 않는다. 왜냐하면 은현문의 형식 자체가 이미 전치사의 그러한 의미를 나타내고 있기 때문이다.

2) 은현문의 문법적 특징

위에서 은현문은 어떤 사람이나 사물이 어떤 장소를 기준으로 출현하거나 사라지는 것을 나타내는 구문이라고 정의하였다. 따라서 은현문을 구성하는 문장의 모든 문법적 특징은 이러한 내용을 나타내는 데 관여하기 마련이다. 따라서 술어도 물체의 이동을 나타낼 수 있어야 하고 술어가 출현이나 소실의 의미를 더욱 명확하게 제시할 수 있도록 해당하는 보충 내용을 동반하는 경우가 많다.

그러므로 은현문의 술어는 '来', '跑', '出', '上', '下', '走', '出现', '发生'와 같이 자동사이면서 물체의 이동과 관계가 깊다.

  抬头一看, 头顶上飞过去一只鸟。
   머리를 들어 한번 보니 머리 위로 새 한 마리가 날아가고 있다.

  这时候, 厢房门一响, 走出一个干瘦的小老头。
   이 때 사랑채 문이 울리더니 한 깡마른 노인이 걸어나왔다.

위의 두 문장에서 목적어가 가지는 공통점은 '一只', '一个'와 같은 비한정적 지시성분을 가지고 있다는 점이다. 은현문의 목적어는 존재문의 목적어와 마찬가지로 비한정적, 불확정적이라는 특징을 가진다.

어떤 장소에 무엇이 있다. 어떤 장소에 누군가 온다 류의 문장이 일반적인 문장의 어순을 벗어나 이러한 특수구문의 형태를 취해야 하는 이유는 무엇일까? 이에 대한 해답은 존현문에서 목적어 위치에 오는 성분의 특징을 가만히 살펴보면 알 수 있다. 중국어 문장에서는 문장 내에 등장하는 명사성 성분이, 특히 그중에서 사람이나 사물을 나타내는 명사성 성분이 한정적이냐 비한정적이냐가 중요하다. 여러 번 언급하였지만 한정적이라는 말은 다른 말로 특정의, 확실한 어떤 것이라고 할 수도 있으며 이는 다른 말로 바꾸어 화자나 청자가 이미 알고 있는 존재라고 설명할 수도 있다.

앞서 술어-목적어 부분에서 언급했던 것을 다시 한번 상기한다면,
중국어 문장은 문두에 오는 명사성 성분은 한정적이어야 한다는 것을 요구하기 때문에 명사성 성분의 한정성, 비한정성을 어순으로 나타낼 수도 있다.

  a. 书我买来了。
  b. 我买书来了。

위의 두 문장에 등장하는 '书'는 아무런 지시성분을 가지지 않고 단독으로 쓰였지만 문장 내 위치만으로 한정성을 판단할 수 있다는 것이다.

중국어에서는 문두에 나오는 명사성 성분은 한정적이라는 특성을 가진다는 사실을 기억하고 있다면 a)와 b)의 '书'를 각각 다르게 해석할 수 있으므로, a)의 '书'는 화자나 청자가 이미 알고 있는 그 책을 가리키며 b)의

'书'는 어떤 책인지 알 수 없는, 그야말로 어떤 책을 가리키는 것이라고 볼 수 있다.

    书我买来了 → (그) 책은 내가 사가지고 왔어.
    我买书来了 → 나는 (어떤) 책을 사가지고 왔어.

중국어의 이러한 특성은 존현문이라는 구조의 문장을 만들어내게 되는데, (화자나 청자가 알고 있는) '그' 책이 책상 위에 놓여져 있는 상황과 누구의 것인지, 어떤 내용의 책인지 모를, 그야말로 '어떤' 책이 책상 위에 놓여져 있는 상황은 서로 다른 것으로 인식되고, 따라서 각기 다른 문장의 형식으로 표현되는 것이다. (화자나 청자가 알고 있는) '그' 책이 책상 위에 놓여져 있는 상황이라면 그 책은 한정적이므로 문두에 두어도 좋고, 그러므로 일반적인 어순을 취하여 아래와 같이 표현한다.

    那本书放在桌子上。
      그 책은 책상 위에 있다.

그러나 누구의 것인지 모를, 어떤 내용의 책인지 모를, 그야말로 '어떤' 책이 책상위에 놓여져 있는 상황이라면 비한정적인 어떤 책은 문두에 위치할 수 없으므로 존현문의 형식을 취하여 아래와 같이 표현한다.

    桌子上放着一本书。
      책상 위에 책이 한 권 놓여져 있다.

이때 문장의 초점은 문두에 위치한 '桌子上'에 있게 된다.

생각하는 중국어 문법

발　행 2018년 06월 28일 초판
지은이 이 안
펴낸이 최형록
펴낸곳 동아시아문화출판사 오미
출판등록 2017.08.29. (제329-251002017000009호)
주　소 부산시 동구 중앙대로 270 강남빌딩 625호
전　화 1599-8637
팩　스 070-7966-8637
전자우편 omi-pub@naver.com

ⓒ 이 안 2018

ISBN 979-11-964189-0-8　03720

이 책에 실린 모든 내용의 무단 전재와 복제를 금합니다.

책값은 뒤표지에 있습니다.

잘못된 책은 구입하신 곳에서 바꿀 수 있습니다.

이 도서의 국립중앙도서관 출판예정도서목록(CIP)은 서지정보유통지원시스템 홈페이지(http://seoji.nl.go.kr)와 국가자료공동목록시스템(http://www.nl.go.kr/kolisnet)에서 이용하실 수 있습니다.(CIP제어번호: CIP2018020021)